예수님을 처음 만난 새신자를 위한
나의 처음 신앙 안내서

실로 테일러 지음·전나리 옮김

토기장이

Brand New:
A 40-day Guide to Life in Christ

Copyright © 2017 by Shilo Taylor
All rights reserved.

Korean translation copyright © 2017 by Togijangi Publishing House
Togijangi B/D 3F, 26, Mangwonro, Mapogu, Seoul 04007, Korea

This Korean edition is published by the permission of Lexham Press
(1313 Commercial St., Bellingham, WA 98225)

본 저작물의 한국어판 저작권은 Lexham Press와의 독점계약으로 한국어 판권을 '도서출판 토기장이'가 소유합니다. 저작권법에 의하여 한국 내에서 보호를 받는 저작물이므로 무단 복제를 금합니다.

특별한 표기가 없는 모든 성경 구절은 개역개정성경을 인용한 것입니다.

들어가는 글

새로운 시작 앞에 선 당신을 환영합니다. 가장 위대한 이야기에 동참하게 된 당신을 축복합니다. 당신과 함께 믿음의 한 가족이 되어 진심으로 기쁩니다!

이 책은 당신이 믿음의 기초를 든든히 세울 수 있도록 돕기 위해 집필된 40일 묵상집입니다. 우리는 이 책을 통해 기독교 교리에 대해 배우고, 궁금한 모든 것에 대한 답을 하나하나 찾아갈 것입니다. 그리고 성경 말씀, 즉 당신을 '추격'하시는 하나님의 사랑 이야기에 대해서도 전해 줄 것입니다. 또한 하나님은 누구시며 어떤 분이신지, 그리고 믿음의 삶이란 어떻게 살아야 하는 것인지에 대해서도 배우게 될 것입니다.

우리는 혼자 살도록 지어진 존재가 아닙니다. 우리는 모두 우리 자신을 격려해 주고 옳은 길로 인도해 줄 누군가를 필요로 합니다. 당신은 이 책을 혼자 읽을 수도 있겠지만 신앙이 성숙한 누군가와 함께 읽는다면 더 많은 유익을 누릴 수 있을 것입니다. 멘토, 소그룹 리더, 목사, 부모, 친구 모두 좋습니다.

이 책은 성경 말씀과 하나님의 성품, 그리고 그리스도인의 삶에 초점을 맞추고 있습니다. 또한 매일의 묵상에는 우리가 하나님의 말씀에 잘 반응할 수 있도록 핵심 구절과 각 주제에 대한 설명, 그리고 성경 읽기와 묵상 질문이 담겨져 있습니다.

읽은 내용과 질문을 생각하면서 누군가와 함께 대화를 나누어도 좋고, 이해하기 어려운 내용이 나올 때는 주저 말고 도움을 구해도 좋습니다. 또한 이 책을 읽으면서 품게 된 생각이나 묵상, 감정, 그리고 위로나 도전이 되는 말씀들을 노트에 기록하는 것도 큰 도움이 될 것입니다.

매일의 묵상은 기도로 마무리되며 당신이 하나님의 말씀으로 기도하는 것을 배울 수 있도록 성경 말씀으로 풀어져 있습니다. 기도는 유창하거나 표현이 화려할 필요가 없습니다. 기도는 결코 어렵지 않습니다. 성령님께서 당신을 도와주실 것입니다.

"오직 성령이 말할 수 없는 탄식으로 우리를 위하여 간구하시느니라"(로마서 8:26).

이 책을 반복해서 읽기를 권합니다. 이 책을 당신의 가장 가까운 곳에 놓고 수시로 펼쳐 보세요. 아마도 다시 읽을 때마다 새로운 진리를 발견하게 될 것입니다! 밑줄을 긋거나 형광펜으로 표시를 하거나 메모를 해도 좋습니다. 노트나 일기장에 당신의 생각을 기록하는 것도 아주 좋습니다. 믿음이 자라는 가운데 하나님께서 어떻게 당신을 그분께로 가까이 이끄시는지를 깨달으며 격려를 받게 될 것입니다.

"여호와는 네게 복을 주시고 너를 지키시기를 원하며 여호와는 그의 얼굴을 네게 비추사 은혜 베푸시기를 원하며 여호와는 그 얼굴을 네게로 향하여 드사 평강 주시기를 원하노라"(민수기 6:24-26).

실로 테일러

✤ 이 책의 활용방법

나의 처음 신앙 안내서, 매일매일 이렇게 활용해 보세요!

1. 40일간 하루에 10분씩 투자하면 이 책을 다 읽을 수 있습니다. 하루 중 조용히 집중해서 읽을 수 있는 시간을 정하세요.

2. 제목은 오늘의 주제를 함축적으로 잘 표현하고 있습니다. 제목과 주제 말씀을 읽고 오늘 어떤 내용을 만날지 기대하는 마음을 가지세요.

3. 본문은 새신자가 꼭 알아야 할 기독교 교리를 담아 이야기 식으로 쉽게 풀었습니다. 편하게 읽으면서 주요 내용에 밑줄을 긋거나 더 알고 싶은 점을 메모하면서 읽으세요.

4. 본문의 이해를 돕기 위해 작성된 질문들을 꼭 풀어보세요. 성경을 찾기 어려운 점을 배려해서 성경본문을 넣었습니다. 본문에 표기된 성경 구절을 읽으면 답을 쉽게 찾을 수 있습니다(내용이 긴 경우, 핵심 구절만 넣었습니다).

5. 기도하는 것이 어렵지 않도록 말씀을 기반으로 한 기도문을 넣었습니다. 낯설고 생소한 단어들이 있더라도 이번 기회를 통해 말씀으로 기도하는 것이 어떤 것인지 배워 보세요. 이때 당신이 하고 싶은 기도를 편하게 하셔도 좋습니다.

6. 가까운 곳에 두고 반복해서 읽으세요. 그때마다 새로운 내용을 깨달을 것입니다.

7. 혼자 이 책을 읽는 것도 좋지만 친구와 함께, 멘토와 함께 활용하면 더 풍성한 나눔을 할 수 있습니다.

- 들어가는 글
- 이 책의 활용방법

DAY 1 여정을 시작하다 10
DAY 2 자유의 참된 의미 14
DAY 3 성경은 왜 중요한가? 18

1부 · 성경에 대한 이야기

DAY 4 하나님의 창조 24 | DAY 5 우리의 선택 30 | DAY 6 죄사함의 희생 36 | DAY 7 유월절 어린 양 40 | DAY 8 십계명과 광야의 삶 44 | DAY 9 예언된 하나님의 계획 52 | DAY 10 성취된 하나님의 계획 58 | DAY 11 회개의 의미 62 | DAY 12 신이면서 인간이신 한 분 예수님 68 | DAY 13 예수님의 지상 사역 74 | DAY 14 십자가에서 죽으신 예수님 80 | DAY 15 예수님의 부활 86 | DAY 16 예수님의 승천 90 | DAY 17 성령의 임하심 96 | DAY 18 다시 오실 예수님 102 | DAY 19 천국 106

2부 • 하나님의 성품에 대한 이야기

DAY 20 놀라우신 하나님 112 | DAY 21 삼위일체 하나님 118 | DAY 22 유일하신 하나님 122 | DAY 23 어디에나 계시며 모든 것을 아시는 하나님 126 | DAY 24 사랑이신 하나님 130 | DAY 25 완전하시며 변함이 없으신 하나님 136 | DAY 26 피난처 되시는 하나님 140 | DAY 27 강한 용사이신 하나님 144 | DAY 28 용서하시는 하나님 148 | DAY 29 내가 만난 나의 하나님 154

3부 • 하나님과 함께 하는 삶에 대한 이야기

DAY 30 교회의 참 의미 160 | DAY 31 세례의 참 의미 164 | DAY 32 성찬의 참 의미 168 | DAY 33 삶으로 드리는 예배 174 | DAY 34 하나님과의 대화, 기도 178 | DAY 35 헌금의 참 의미 182 | DAY 36 섬김의 비밀 186 | DAY 37 교제의 기쁨 192 | DAY 38 전도의 사명 196 | DAY 39 아직은 진행 중 200 | DAY 40 이제부터 시작이다! 204

| 에스겔 | 36:26-27

또 새 영을 너희 속에 두고 새 마음을 너희에게 주되 너희 육신에서 굳은 마음을 제거하고 부드러운 마음을 줄 것이며 또 내 영을 너희 속에 두어 너희로 내 율례를 행하게 하리니 너희가 내 규례를 지켜 행할지라

I will give you a new heart and put a new spirit in you; I will remove from you your heart of stone and give you a heart of flesh. And I will put my Spirit in you and move you to follow my decrees and be careful to keep my laws.

Ezekiel

여정을 시작하다

> 네가 만일 네 입으로 예수를 주로 시인하며
> 또 하나님께서 그를 죽은 자 가운데서 살리신 것을
> 네 마음에 믿으면 구원을 받으리라 사람이 마음으로 믿어
> 의에 이르고 입으로 시인하여 구원에 이르느니라
> 로마서 10:9-10

결혼식 날, 신랑 신부는 주례자와 하객들 앞에서 평생 함께 하겠다고 서약합니다. 매일의 삶에서 상대방을 위한 선택을 하겠다고 서약합니다. 그들은 서로에게 남편과 아내로 선포되는 순간, 지금까지 자기 자신을 위해 살아왔던 옛 삶을 뒤로 하고 부부가 함께 하는 새로운 삶으로 나아가게 됩니다.

그런데 만약 행진을 끝낸 신랑 신부가 서로를 바라보며 이렇게 말한다면 어떨까요? "멋진 결혼식을 준비해 줘서 정말 고마워요. 그런데 이젠 제 할 일을 해야 할 것 같군요." "아주 멋진 하루였어요. 그렇지만 이 일로 제 자신이나 제 인생이 바뀌지는 않을 거예요." 아, 이것은 정말 상상하고 싶지 않은 일입니다.

물론 이래서는 안 됩니다! 결코 그럴 수 없습니다. 신혼부부는 신혼여행을 즐기며 더욱 가까워지고 앞으로 평생 삶을 공유하게 됩니다. 결혼 서약은 끝이 아니라 함께 하는 삶의 출발점입니다. 두 사람은 하나가 되기 위해 성장해 나갈 것이며 서로를 위해 헌신할 것입니다.

당신은 예수님께서 당신을 구원하시기 위해 십자가에 달려 죽으시고 사흘 만에 부활하신 것을 믿을 수 있나요? 당신은 예수님께 용서를 구하고 그분이 당신의 삶 가운데 오시도록 요청했나요? 그렇다면 당신은 이제 주님과의 놀라운 여정을 막 시작한 것입니다. 당신의 이 여정을 한없이 축복합니다. 당신은 이제 하나님의 자녀가 되었습니다. 그러므로 더 이상 "하나님이 날 받아 주실 만큼 나는 선한 사람인가"에 대해 걱정할 필요가 없습니다. 그 어떤 것도 당신을 향한 하나님의 사랑을 끊을 수 없습니다. 혼자라고 느껴지거나 죄책감이 들 때, 이제 당신은 하나님으로부터 달아나는 대신 그분을 바라보며 의지할 수 있습니다. 당신은 용서받았습니다!

하나님과의 관계는 당신이 가질 수 있는 그 어떤 관계보다 좋고 완전한 것입니다. 그분과의 관계는 영원합니다. 이 진실은 당신을 변화시킬 것입니다. 다시 한 번, 평생 동안 이어질 여정의 출발점에 선 당신을 환영합니다. 잠깐 스포일러를 주자면 이 여정은 "그 후로도 영원히 행복했답니다"로 끝납니다.

📖 요한복음 3장 16-21절을 묵상하고 난 후 다음 질문에 답하세요.

^{16}하나님이 세상을 이처럼 사랑하사 독생자를 주셨으니 이는 그를 믿는 자마다 멸망하지 않고 영생을 얻게 하려 하심이라 ^{17}하나님이 그 아들을 세상에 보내신 것은 세상을 심판하려 하심이 아니요 그로 말미암아 세상이 구원을 받게 하려 하심이라 ^{18}그를 믿는 자는 심판을 받지 아니하는 것이요 믿지 아니하는 자는 하나님의 독생자의 이름을 믿지 아니하므로 벌써 심판을 받은 것이니라 ^{19}그 정죄는 이것이니 곧 빛이 세상에 왔으되 사람들이 자기 행위가 악하므로 빛보다 어둠을 더 사랑한 것이니라 ^{20}악을 행하는 자마다 빛을 미워하여 빛으로 오지 아니하나니 이는 그 행위가 드러날까 함이요 ^{21}진리를 따르는 자는 빛으로 오나니 이는 그 행위가 하나님 안에서 행한 것임을 나타내려 함이라 하시니라

Q1 하나님을 배워가는 여정을 시작하면서 가장 기대되는 것은 무엇인가요?

Q2 혹시 어떤 두려움이 느껴지나요?

Q3 요한복음 3장 17절에 따르면, 예수님은 왜 이 세상에 오셨나요?

Q4 이 구절 속에 있는 예수님의 말씀은 어떤 점에서 당신에게 위로가 되나요?

📖 오늘은 요한복음 3장 16-21절 말씀으로 기도드립니다.

예수님, 저는 예수님이 하나님의 아들이시며 모든 믿는 자를 구원하시기 위해 이 세상에 오셨음을 믿습니다. 제 삶에 찾아오셔서 죄를 용서해 주시고 하나님의 자녀 삼아 주셔서 감사드립니다. 하나님을 배워가는 이 여정을 통해 예수님께 더욱더 가까이 나아갈 수 있도록 인도해 주세요. 앞으로 예수님에 대해 배우는 이 40일을 통해 저를 변화시켜 주세요. 예수님의 이름으로 기도드립니다. 아멘.

DAY 02

자유의 참된 의미

그러므로 네가 이 후로는 종이 아니요 아들이니
아들이면 하나님으로 말미암아 유업을 받을 자니라
갈라디아서 4:7

당신은 "이건 내 인생이야. 나를 행복하게 해 주는 것이라면 난 뭐든지 할 자유가 있어"라고 말한 적 있나요?

그런데 그렇게 말한 대로 살다보면 당신이 무엇을 추구했든, 그것이 인기든 돈이든 인간관계든 이기적으로 살아가는 것이든 완벽해지려고 애쓰는 것이든 당신은 그것을 통제하지 못하고 오히려 그것에 의해 끌려 다니게 될 것입니다. 그러면 당신의 선택은 더 이상 '선택'처럼 느껴지지 않을 것입니다. 자유롭게 되기는커녕 오히려 그것의 노예가 될 것이기 때문입니다.

우리 삶을 예수님께 드리기 전에 우리는 '죄의 노예'였습니다. 우리는 선한 사람이 되려고 아무리 노력해도 죄로부터 자유해질 수 없습니다. 자유는 환상에 불과합니다. 우리 스스로 자유하게 되기란 불가능합니다. 우리는 우리 삶을 주님께 헌신할 때에 비로소 죄에서 해방될 수 있습니다. 오직 하나님만이 우리에게 진정한 자유를 주실 수 있습니다. 그분은 우리를 통제하는 모든 것으로부터 우리를 자유롭게 해 주십니다. 오직 하나님만이, 절대적으로 완전하고 전능하신 그분만이 우리를 자녀 삼으시고, 또 우리를 구원하실 수 있습니다.

예수님은 우리를 용서해 주십니다. 우리를 치유해 주십니다. 우리를 온전케 해 주십니다. 혹 삶에 즉각적인 변화가 일어나지 않더라도 낙담하지 마세요. 하나님을 알아갈수록 당신은 그분이 원래 창조하신 모습으로 변화되어 갈 것이기 때문입니다.

하나님은 당신 삶의 목적, 그리고 당신에게 가장 좋은 것이 무엇인지 알고 계십니다. 또한 당신이 경험해 온 모든 것이 앞으로 어떻게 사용될지도 다 알고 계십니다. 하나님은 당신을 주춤거리게 만드는 모든 것으로부터 벗어날 수 있도록 도와주실 것입니다. 그분은 당신을 온전케 하실 것입니다.

앞으로 우리는 성경을 배우게 될 것입니다. 그 내용들을 통해 하나님이 어떤 분이시고, 어떻게 하면 그분과 더욱 친밀해질 수 있는지 알게 될 것입니다.

📖 요한복음 8장 31-36절을 읽고 다음 질문에 답하세요.

³¹ 그러므로 예수께서 자기를 믿은 유대인들에게 이르시되 너희가 내 말에 거하면 참으로 내 제자가 되고 ³² 진리를 알지니 진리가 너희를 자유롭게 하리라 ³³ 그들이 대답하되 우리가 아브라함의 자손이라 남의 종이 된 적이 없거늘 어찌하여 우리가 자유롭게 되리라 하느냐 ³⁴ 예수께서 대답하시되 진실로 진실로 너희에게 이르노니 죄를 범하는 자마다 죄의 종이라 ³⁵ 종은 영원히 집에 거하지 못하되 아들은 영원히 거하나니 ³⁶ 그러므로 아들이 너희를 자유롭게 하면 너희가 참으로 자유로우리라

Q1 '죄의 종(노예)'이 된다는 말은 어떤 의미일까요? 당신의 생각을 편하게 적어 보세요(요한복음 8:34).

Q2 그렇다면 당신은 지금까지 어떤 것들의 '종'이었다고 생각하나요?

Q3 32절에 따르면 진리는 우리를 어떻게 해 주나요?

Q4 이제 당신은 하나님이 자유하게 하신 그분의 자녀입니다. 이 진리가 당신에게는 어떻게 다가오나요?

📖 오늘은 요한복음 8장 31-36절 말씀으로 기도드립니다.

하늘에 계신 하나님 아버지, 저는 이제 죄에서 자유케 되었습니다. 제게 복음의 진리를 나타내사 자녀 삼아 주심에 감사드립니다. 하나님 안에서 자유를 누린다는 것이 어떤 의미인지 날마다 가르쳐 주세요. 예수님의 이름으로 기도드립니다. 아멘.

DAY 03

성경은 왜 중요한가?

모든 성경은 하나님의 감동으로 된 것으로
교훈과 책망과 바르게 함과 의로 교육하기에 유익하니
이는 하나님의 사람으로 온전하게 하며
모든 선한 일을 행할 능력을 갖추게 하려 함이라
디모데후서 3:16-17

    줄을 긋고 난 후에 그것이 반듯하지 않다는 것을 발견한 적 있나요? 손으로 그릴 때는 모르지만 자를 갖다 대면 선이 반듯하지 않다는 것을 쉽게 알 수 있습니다. 자는 우리가 바르게 선을 그을 수 있도록 도와줍니다. '성경'은 우리에게 이러한 '자'와 같습니다. 분명 내 눈에는 바르게 보이는데 후에 성경 말씀으로 다시 보면 '굽어진' 삶을 발견하곤 합니다.

    성경은 하나님의 말씀입니다. 우리는 그 말씀을 신뢰할 수 있습니다! 성경은 그것이 써졌던 때에도 진리였고 오늘도 진리이며 앞으로도 영원히 그럴 것입니다. 성경은 그리스도인의 믿음과 행동의 기준이 됩니다. 어떤 믿음이나 행동이 바른 것인지 확신이 들지 않을 때, 우리는 하나님께서 하시는 말씀을 보아야 합니다. 하나님은 결코 스스로 모순되지 않으십니다. "하나님의 말씀은 살아 있고 활력이 있어 좌우에 날선 어떤 검보다도 예리하여 혼과 영과 및 관절과 골수를 찔러 쪼개기까지 하며 또 마음의 생각과 뜻을 판단하나니"(히브리서 4:12).

그리스도인은 성경을 배우고 묵상하고 암송해야 합니다. 시편 119편은 주님의 말씀을 '내 발에 등'과 '내 길에 빛'이라고 했습니다. 누구를 따라야 할지 보여 주는 이 말씀은 우리가 누구이며 우리가 무엇을 해야 하는지에 대해 알려 줍니다. 성경은 우리를 바르게 세워 주며 고쳐 줍니다. 가야 할 옳은 방향으로 인도해 줍니다. 하나님의 말씀에는 능력이 있습니다. 그것은 결코 공허하지 않으며 하나님의 뜻을 성취합니다.

성경은 하나님의 사람들에 대하여, 그리고 왕이시며 구원자이신 예수 그리스도의 역사에 대하여 가르쳐 줍니다. 이 역사는 오늘을 살아가는 우리에게 반드시 필요한 이야기입니다. 성경은 하나님이 누구신지와 그분이 이전에 하셨던 일과 지금 하시는 일, 또 앞으로 하실 일을 보여 줍니다. 또한 우리가 누구이며 어떻게 살아야 하는지에 대해서도 알려 줍니다. 그리스도께서 이미 죄와 죽음, 사탄에게 승리하셨으므로 우리는 그 승리가 바로 우리 것임을 성경을 통해 알 수 있습니다!

📖 시편 1편과 119편 105-112절을 읽고 다음 질문에 답하세요.

(시편 119편) ¹⁰⁵주의 말씀은 내 발에 등이요 내 길에 빛이니이다 ¹⁰⁶주의 의로운 규례들을 지키기로 맹세하고 굳게 정하였나이다 ¹⁰⁷나의 고난이 매우 심하오니 여호와여 주의 말씀대로 나를 살아나게 하소서 ¹⁰⁸여호와여 구하오니 내 입이 드리는 자원제물을 받으시고 주의 공의를 내게 가르치소서 ¹⁰⁹나의 생명이 항상 위기에 있사오나 나는 주의 법을 잊지 아니하나이다 ¹¹⁰악인들이 나를 해하려고 올무를 놓았사오나 나는 주의 법도들에서 떠나지 아니하였나이다 ¹¹¹주의 증거들로 내가 영원히 나의 기업을 삼았사오니 이는 내 마음의 즐거움이 됨이니이다 ¹¹²내가 주의 율례들을 영원히 행하려고 내 마음을 기울였나이다

Q1 시편 기자는 주의 말씀을 무엇과 무엇이라고 고백하나요?

Q2 하나님의 말씀이 어떤 방식으로 당신의 인생 길에 빛을 비춰 준다고 생각하나요?

Q3 지금까지 읽었던, 혹은 들었던 성경 구절 중 당신에게 격려가 되고 기쁨이 되었던 말씀은 무엇인가요?

Q4 당신에게 격려가 되었던 성경 구절을 매일 볼 수 있도록 포스트잇에 써서 붙여 두세요.

📖 오늘은 시편 119편 9-16절 말씀으로 기도드립니다.

⁹청년이 무엇으로 그의 행실을 깨끗하게 하리이까 주의 말씀만 지킬 따름이니이다 ¹⁰내가 전심으로 주를 찾았사오니 주의 계명에서 떠나지 말게 하소서 ¹¹내가 주께 범죄하지 아니하려 하여 주의 말씀을 내 마음에 두었나이다 ¹²찬송을 받으실 주 여호와여 주의 율례들을 내게 가르치소서 ¹³주의 입의 모든 규례들을 나의 입술로 선포하였으며 ¹⁴내가 모든 재물을 즐거워함 같이 주의 증거들의 도를 즐거워하였나이다 ¹⁵내가 주의 법도들을 작은 소리로 읊조리며 주의 길들에 주의하며 ¹⁶주의 율례들을 즐거워하며 주의 말씀을 잊지 아니하리이다

빛 되신 주님, 주의 말씀은 순결하고 진실합니다. 제가 온 마음으로 주님을 찾고 주의 말씀에서 멀어지지 않도록 도와주세요. 주의 말씀을 마음속에 둠으로써 죄를 짓지 않도록 도와주세요. 찬송을 받으실 주 여호와여, 주의 말씀을 제게 가르쳐 주세요! 이제부터 주의 명령을 기뻐하고 주의 말씀을 잊지 않기를 원합니다. 예수님의 이름으로 기도드립니다. 아멘.

성경에 대한 이야기

1부

DAY 04
하나님의 창조

태초에 하나님이 천지를 창조하시니라 땅이 혼돈하고 공허하며
흑암이 깊음 위에 있고 하나님의 영은 수면 위에 운행하시니라
하나님이 이르시되 … 그대로 되니라
하나님이 지으신 그 모든 것을 보시니 보시기에 심히 좋았더라
창세기 1:1-3,30-31

    하나님은 창조하신 모든 것을 보시고 기뻐하셨습니다. 하나님은 '무'에서 '유'를 창조하셨는데, 이것은 우리가 이해하기 힘든 것일 수 있습니다. 하나님은 그 어떤 것도 필요하지 않으시며 진정으로 모든 것을 스스로 공급하실 수 있는 분입니다. 그럼에도 불구하고 지구와 그 안에 있는 모든 것을 만드셨고, 그분의 힘과 창조력을 드러내셨습니다.

    특히, 하나님은 창조하신 첫 사람인 아담과 하와를 보고 기뻐하셨습니다. "하나님이 이르시되 우리의 형상을 따라 우리의 모양대로 우리가 사람을 만들고 그들로 바다의 물고기와 하늘의 새와 가축과 온 땅과 땅에 기는 모든 것을 다스리게 하자 하시고 하나님이 자기 형상 곧 하나님의 형상대로 사람을 창조하시되 남자와 여자를 창조하시고 하나님이 그들에게 복을 주시

며"(창세기 1:26-28). 하나님은 아담과 하와를 다른 모든 피조물과 다르게 창조하셨습니다. 바로 그분의 형상을 따라 그들을 창조하셨습니다.

당시 아담과 하와가 어떤 모습이었을지 한번 상상해 보세요! 아마도 그들에겐 어떤 불안감도 없고, 몸이 아프거나 피곤해서 두뇌의 속도가 떨어지는 일도 없었을 것입니다. 하나님은 그들에게 최고로 멋진 일을 주셨습니다. 동산을 탐험하고 하나님의 창조세계를 그분과 함께 즐기는 일을 말이죠.

하나님께 순종하는 것은 아담과 하와에게 좋은 일이었습니다. 그들은 완전했고 무엇이든 충만했습니다. 외롭거나 불안하지도 않았습니다. 모든 필요가 채워졌습니다. 그들은 하나님과 또 그들 서로와 최고의 관계를 누렸고, 그 가운데 목적을 가진 삶을 살았습니다. 하나님은 불손종의 결과에 대해 분명하게 말씀하셨습니다. "선악을 알게 하는 나무의 열매는 먹지 말라 네가 먹는 날에는 반드시 죽으리라"(창세기 2:17). 즉, 하나님을 선택하는 것이 생명을 택하는 일입니다!

📖 창세기 1-2장을 읽고 다음 질문에 답하세요.

(창세기 1장) ²⁶하나님이 이르시되 우리의 형상을 따라 우리의 모양대로 우리가 사람을 만들고 그들로 바다의 물고기와 하늘의 새와 가축과 온 땅과 땅에 기는 모든 것을 다스리게 하자 하시고 ²⁷하나님이 자기 형상 곧 하나님의 형상대로 사람을 창조하시되 남자와 여자를 창조하시고 ²⁸하나님이 그들에게 복을 주시며 하나님이 그들에게 이르시되 생육하고 번성하여 땅에 충만하라, 땅을 정복하라, 바다의 물고기와 하늘의 새와 땅에 움직이는 모든 생물을 다스리라 하시니라 ²⁹하나님이 이르시되 내가 온 지면의 씨 맺는 모든 채소와 씨 가진 열매 맺는 모든 나무를 너희에게 주노니 너희의 먹을 거리가 되리라 ³⁰또 땅의 모든 짐승과 하늘의 모든 새와 생명이 있어 땅에 기는 모든 것에게는 내가 모든 푸른 풀을 먹을 거리로 주노라 하시니 그대로 되니라 ³¹하나님이 지으신 그 모든 것을 보시니 보시기에 심히 좋았더라 저녁이 되고 아침이 되니 이는 여섯째 날이니라

Q1 하나님의 형상대로 창조된다는 것은 무엇을 의미한다고 생각하세요?

Q2 하나님은 그분이 지으신 창조물과 어떤 방식으로 교제하시나요?

Q3 하나님이 창조하신 피조물에는 어떤 것들이 있나요?

Q4 하나님의 창조세계를 보면서 느낀 것은 무엇인가요?

📖 오늘은 창세기 1장 31절 말씀으로 기도드립니다.

하나님이 지으신 그 모든 것을 보시니 보시기에 심히 좋았더라 저녁이 되고 아침이 되니 이는 여섯째 날이니라

> 하나님, 이 멋진 세상과 그 안에 있는 모든 것을 창조해 주셔서 감사드립니다. 하나님께서 사람을 창조하신 후 "매우 좋았더라"고 말씀하신 그 의미를 제 마음속 깊이 이해하고 새길 수 있도록 도와주세요. 매일 하나님께 순종할 수 있도록 힘을 주세요. 예수님의 이름으로 기도드립니다. 아멘.

요한일서 | 1:8-9

만일 우리가 죄가 없다고 말하면 스스로 속이고 또 진리가 우리 속에 있지 아니할 것이요 만일 우리가 우리 죄를 자백하면 그는 미쁘시고 의로우사 우리 죄를 사하시며 우리를 모든 불의에서 깨끗하게 하실 것이요

If we claim to be without sin, we deceive ourselves and the truth is not in us. If we confess our sins, he is faithful and just and will forgive us our sins and purify us from all unrighteousness.

1 John

DAY 05
우리의 선택

그런데 뱀은 여호와 하나님이 지으신 들짐승 중에
가장 간교하니라 뱀이 여자에게 물어 이르되
하나님이 참으로 너희에게 동산 모든 나무의 열매를
먹지 말라 하시더냐

창세기 3:1

창세기 2장 16-17절에서 하나님은 "동산 각종 나무의 열매는 네가 임의로 먹되 선악을 알게 하는 나무의 열매는 먹지 말라 네가 먹는 날에는 반드시 죽으리라"고 말씀하십니다.

오늘 본문 말씀에서 아담과 하와는 선택의 순간에 직면했습니다. 즉, 하나님이 모든 것을 아시며 그들을 향한 완전한 계획을 갖고 계심을 믿고 하나님께 순종할 것이냐, 아니면 그들이 원하는 것을 할 것이냐의 선택의 순간과 마주하게 된 것입니다.

뱀(사탄)은 하와가 하나님을 의심하게 만들기 위해 뭐라고 말해야 할지 잘 알고 있었습니다. "너희가 결코 죽지 아니하리라." 뱀은 하와에게 또 이렇게 말했습니다. "너희가 그것을 먹는 날에는 너희 눈이 밝아져 하나님과 같이 되어 선악을 알 줄 하나님이 아심이니라"(창세기 3:4-5). 하와는 하나님이 뭔가 자신들 모르게 숨기고 있는 것은 아닌지 의심하기 시작했습니다. '하나님이 내가 아는 것처럼 정말 좋은 분이 맞는 걸까?' '만약 우리가 순종하지 않고 마음대로 살아간다면 어쩌면 더 나은 인생이 되지 않을까?' 이러한 의심은 곧 불순종으로 이어졌습니다. "여자가 그 나무를 본즉 먹음직도 하고 보암직도 하고 지혜롭게 할 만큼 탐스럽기도 한 나무인지라 여자가 그 열매를 따먹고 자기와 함께 있는 남편에게도 주매 그도 먹은지라"(창세기 3:6).

선악을 알게 하는 열매를 먹자마자 아담과 하와는 두려움에 사로잡혔습니다. 그들은 불순종으로 인해 하나님과의 완전한 관계가 깨져 버렸음을 바로 깨달았습니다. 자유와 해방이 아닌 수치와 죄책감을 느꼈습니다. 그들은 그들을 사랑하시는 하나님께 달려가는 대신 달아나 숨었습니다. 설상가상으로 아담은 하나님과 대면할 때, 하나님과 하와를 탓하며 책임을 회피하려 했습니다. "아담이 이르되 하나님이 주셔서 나와 함께 있게 하신 여자 그가 그 나무 열매를 내게 주므로 내가 먹었나이다"(창세기 3:12). 그리고 하와는 뱀을 탓했습니다.

우리의 주인 되시는 하나님을 외면할 때, 우리는 죄를 짓게 됩니다. 하나님은 거룩하신 분입니다. 그래서 죄를 용납하실 수 없습니다. 죄의 문제는 반드시 해결되어야 합니다. 물론 열매를 하나 따먹는 것이 별로 큰 일이 아닌 듯 보일 수도 있습니다. "먹으면 안 된다고? 그냥 과일일 뿐이잖아? 정말 이 일로 인류 역사가 바뀌어야 한단 말이야?" 하지만 아담과 하와의 행동은 그들이 하나님께 순종하기를 원하지 않는다는 사실을 드러냈습니다. 아담과 하와는 하나님과 동등해지고 싶었습니다. 그래서 교만해진 그들은 결국 죽음을 택했습니다.

죽음, 고된 노동, 질투, 고통, 외로움, 하나님으로부터의 분리는 그들의 선택에서 비롯된 결과였습니다. 우리는 죄로 인해 깨어진 세상에 살고 있지만 본래 세상은 이렇게 계획된 것이 아니었습니다. 하나님이 만드신 모든 것이 좋았습니다. 완전했습니다.

하나님은 창조세계를 회복할 계획을 세우셨습니다. 하나님은 아담과 하와에게 죄의 결과를 알려 주시기 전에 뱀에게 저주를 내리시면서 그들에게 장래의 삶을 약속해 주셨습니다. 아담과 하와는 그들이 사는 동안 하나님의 계획이 모두 펼쳐지는 것을 보지 못했지만, 하나님은 이미 그분의 백성을 구원할 계획을 시작하고 계셨습니다.

📖 창세기 3장을 읽고 다음 질문에 답하세요.

¹그런데 뱀은 여호와 하나님이 지으신 들짐승 중에 가장 간교하니라 뱀이 여자에게 물어 이르되 하나님이 참으로 너희에게 동산 모든 나무의 열매를 먹지 말라 하시더냐 ²여자가 뱀에게 말하되 동산 나무의 열매를 우리가 먹을 수 있으나 ³동산 중앙에 있는 나무의 열매는 하나님의 말씀에 너희는 먹지도 말고 만지지도 말라 너희가 죽을까 하노라 하셨느니라 ⁴뱀이 여자에게 이르되 너희가 결코 죽지 아니하리라 ⁵너희가 그것을 먹는 날에는 너희 눈이 밝아져 하나님과 같이 되어 선악을 알 줄 하나님이 아심이니라 ⁶여자가 그 나무를 본즉 먹음직도 하고 보암직도 하고 지혜롭게 할 만큼 탐스럽기도 한 나무인지라 여자가 그 열매를 따먹고 자기와 함께 있는 남편에게도 주매 그도 먹은지라 ⁷이에 그들의 눈이 밝아져 자기들이 벗은 줄을 알고 무화과나무 잎을 엮어 치마로 삼았더라 ⁸그들이 그 날 바람이 불 때 동산에 거니시는 여호와 하나님의 소리를 듣고 아담과 그의 아내가 여호와 하나님의 낯을 피하여 동산 나무 사이에 숨은지라 ⁹여호와 하나님이 아담을 부르시며 그에게 이르시되 네가 어디 있느냐 ¹⁰이르되 내가 동산에서 하나님의 소리를 듣고 내가 벗었으므로 두려워하여 숨었나이다 ¹¹이르시되 누가 너의 벗었음을 네게 알렸느냐 내가 네게 먹지 말라 명한 그 나무 열매를 네가 먹었느냐 ¹²아담이 이르되 하나님이 주셔서 나와 함께 있게 하신 여자 그가 그 나무 열매를 내게 주므로 내가 먹었나이다 … ²¹여호와 하나님이 아담과 그의 아내를 위하여 가죽옷을 지어 입히시니라

Q1 당신도 아담과 하와처럼 당신 자신이 하나님보다 더 잘 안다고 여기면서 어떤 결정을 내린 적 있나요? 그때의 상황을 자세히 나눠 주세요. 그때 그 결과는 어떠했나요?

Q2 하와는 왜 열매를 먹기로 결심했나요?(창세기 3:6) 눈에 보이는 모습이 우리를 속일 수 있나요? 그 이유는 무엇일까요?

Q3 죄가 들어온 후, 그 관계를 회복하기 위해 먼저 다가간 이는 누구였나요?(창세기 3:8-9) 이것이 왜 중요하다고 생각하나요?

Q4 당신은 창세기 3장 21절에서 우리를 향한 하나님의 사랑을 어떻게 발견할 수 있나요?

📖 오늘은 요한일서 1장 8-10절 말씀으로 기도드립니다.

[8]만일 우리가 죄가 없다고 말하면 스스로 속이고 또 진리가 우리 속에 있지 아니할 것이요 [9]만일 우리가 우리 죄를 자백하면 그는 미쁘시고 의로우사 우리 죄를 사하시며 우리를 모든 불의에서 깨끗하게 하실 것이요 [10]만일 우리가 범죄하지 아니하였다 하면

하나님을 거짓말하는 이로 만드는 것이니 또한 그의 말씀이 우리 속에 있지 아니하니라

하늘에 계신 하나님 아버지, 만약 제가 죄가 없다고 주장한다면 저는 스스로를 속이는 것이며 또 진리가 제 안에 있지 않은 것입니다. 그런데 저는 종종 제 생각과 말, 그리고 행동에서 하나님보다 더 잘 아는 듯한 교만한 모습을 보이곤 합니다. 그러나 제가 죄를 자백하면 하나님은 미쁘시고 의로우사 제 모든 죄를 용서해 주시고 모든 불의에서 깨끗케 해 주실 것을 믿습니다. 주님, 저를 용서해 주세요. 저는 제 자신을 고칠 수 없음을 고백합니다. 주님, 저를 찾아와 주셔서 저를 죄 가운데 내버려 두지 마시고, 제가 주님의 계획을 더욱 신뢰할 수 있도록 도와주세요. 예수님의 이름으로 기도드립니다. 아멘.

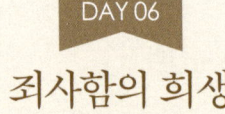

죄사함의 희생

육체의 생명은 피에 있음이라
내가 이 피를 너희에게 주어 제단에 뿌려
너희의 생명을 위하여 속죄하게 하였나니
생명이 피에 있으므로 피가 죄를 속하느니라
레위기 17:11

하나님은 그분의 백성을 사랑하십니다. 그래서 아담과 하와가 죄를 지은 후에도 변함없이 그들과 관계 맺기를 원하셨습니다. 하지만 하나님은 거룩하신 분이기에 죄를 그냥 지나치실 수 없습니다. 죄는 반드시 다뤄져야 합니다. 죄로 인한 합당한 결과는 오직 죽음뿐입니다. 아담과 하와가 죄를 지은 후, 하나님은 그들을 위하여 가죽옷을 지어 입히셨습니다(창세기 3:21). 그들의 죄와 수치, 벌거벗음을 가리기 위해 죄 없는 동물이 희생 당한 것입니다. 하나님은 진정 그분의 백성을 사랑하시며 그들과 관계 맺기를 원하십니다.

후에 하나님은 그분의 백성에게 '희생 제사' 드리는 법을 가르치셨습니다. 이후로 인간은 하나님과의 관계를 다시 맺기 위해 하나님께 드릴 제물로 동물을 죽였습니다. 동물의 피(생명)는 인간의 죄와 수치(죽음)를 덮었습니다. 마치 동물 가죽으로 만든 옷이 아담과 하와의 죄를 덮어 주었던 것처럼 말입니다. 이는 죄의 도말 및 하나님과의 화해를 상징합니다.

백성들이 동물로 제사를 드리는 동안, 하나님은 완벽한 계획을 준비하고 계셨습니다. 그분은 언젠가 다른 모든 희생 제사를 넘어서는 완벽한 제사를 드릴 계획을 가지고 계셨습니다. 하나님은 우리와의 관계를 바로 세우시기 위해 동물의 피 대신 하나님의 아들을 이 땅에 보내셔서 그의 피를 흘려 완전한 마지막 제사를 드리셨습니다. 예수님은 "세상 죄를 지고 가는 하나님의 어린양"(요한복음 1:29)이십니다. 모든 구약의 희생 제사는 예수님을 가리키는 것입니다.

아들을 보내신 하나님의 계획은 그저 일시적으로 죄를 덮는 것이 아니었습니다. 예수님의 죽음과 부활은 영원토록 죄를 사해 줍니다. 예수님만이 죄가 없는, 완벽한 희생 제물이십니다. 우리는 그분의 죽음과 부활을 통해서만 온전케 될 수 있습니다. 예수님은 우리를 용서하시고 우리에게 평안과 기쁨, 참 생명을 주십니다.

📖 레위기 9장 1-24절과 히브리서 9장을 읽고 다음 질문에 답하세요.

(히브리서 9장) 22 율법을 따라 거의 모든 물건이 피로써 정결하게 되나니 피흘림이 없은즉 사함이 없느니라 23 그러므로 하늘에 있는 것들의 모형은 이런 것들로써 정결하게 할 필요가 있었으나 하늘에 있는 그것들은 이런 것들보다 더 좋은 제물로 할지니라 24 그리스도께서는 참 것의 그림자인 손으로 만든 성소에 들어가지 아니하시고 바로 그 하늘에 들어가사 이제 우리를 위하여 하나님 앞에 나타나시고 25 대제사장이 해마다 다른 것의 피로써 성소에 들어가는 것 같이 자주 자기를 드리려고 아니하실지니 26 그리하면 그가 세상을 창조한 때부터 자주 고난을 받았어야 할 것이로되 이제 자기를 단번에 제물로 드려 죄를 없이 하시려고 세상 끝에 나타나셨느니라 27 한번 죽는 것은 사람에게 정해진 것이요 그 후에는 심판이 있으리니 28 이와 같이 그리스도도 많은 사람의 죄를 담당하시려고 단번에 드리신 바 되셨고 구원에 이르게 하기 위하여 죄와 상관 없이 자기를 바라는 자들에게 두 번째 나타나시리라

Q1 당신은 하나님의 사랑을 얻기 위해 어떤 일들을 해 왔나요? 그렇게 한 이유는 무엇인가요?

Q2 당신은 죄책감과 수치심을 느낄 때 어떤 방식으로 해결해 왔나요?

Q3 하나님은 왜 이스라엘 백성에게 동물로 제사 드리라고 명령하셨나요? (히브리서 9:22-23)

Q4 예수 그리스도를 제물로 드린 제사는 어떤 점에서 동물 제사보다 더 나은가요?

📖 오늘은 시편 51편 7-12절 말씀으로 기도드립니다.

⁷우슬초로 나를 정결하게 하소서 내가 정하리이다 나의 죄를 씻어 주소서 내가 눈보다 희리이다 ⁸내게 즐겁고 기쁜 소리를 들려주시사 주께서 꺾으신 뼈들도 즐거워하게 하소서 ⁹주의 얼굴을 내 죄에서 돌이키시고 내 모든 죄악을 지워 주소서 ¹⁰하나님이여 내 속에 정한 마음을 창조하시고 내 안에 정직한 영을 새롭게 하소서 ¹¹나를 주 앞에서 쫓아내지 마시며 주의 성령을 내게서 거두지 마소서 ¹²주의 구원의 즐거움을 내게 회복시켜 주시고 자원하는 심령을 주사 나를 붙드소서

주님, 저를 깨끗하게 해 주세요. 그러면 제가 깨끗해질 것입니다. 저를 씻어 주세요. 그러면 제가 눈보다 더 희게 될 것입니다. 저로 하여금 즐겁고 기쁜 소식을 듣게 해 주세요. 제가 주님 안에서 기뻐하게 해 주세요. 제 안에 깨끗한 마음을 창조해 주세요. 제 안에 정직한 영을 새롭게 해 주세요. 저를 주님 앞에서 쫓아내지 마시고 주의 성령을 거두지 말아 주세요. 구원의 즐거움을 회복시켜 주시고 자원하는 마음을 허락해 주세요. 예수님의 이름으로 기도드립니다. 아멘.

유월절 어린 양

> 내가 애굽 땅을 칠 때에 그 피가 너희가 사는 집에 있어서 너희를 위하여 표적이 될지라 내가 피를 볼 때에 너희를 넘어가리니 재앙이 너희에게 내려 멸하지 아니하리라
> 출애굽기 12:13

이스라엘 민족은 이집트에서 노예로 430년의 세월을 보냈습니다. (창세기 37-50장은 그들이 어떻게 이집트까지 가게 되었는지 기록되어 있습니다.) 이집트의 바로 왕은 이스라엘 민족을 평생 노예로 부리려 했지만 하나님은 그들을 구원하여 약속의 땅으로 인도하겠다고 약속하셨습니다(창세기 15:18). 하나님은 모세를 통해 아홉 번의 재앙으로 이집트를 치셨으나 완강한 바로 왕은 끝까지 이스라엘 백성을 놓아 주지 않았습니다. 그래서 결국 하나님은 하겠다고 하신 '그 일'을 하셨습니다. 자신의 백성을 구하고자 하는 그분의 의지는 확고했습니다.

이집트에 내려진 마지막 재앙은 초태생(처음 태어난 것)의 죽음이었는데, 이 사건은 출애굽기 12장에 기록되어 있습니다. 이스라엘 민족은 온전하고 흠 없는 어린 양을 준비하라는 지시를

받았고, 각 가정은 좌우 문설주와 인방에 양의 피를 발라서 한 마리 양이 그 집의 장자를 대신하여 죽었다는 것을 보여 줘야 했습니다. 희생된 양은 그들이 하나님의 보호를 받는 자녀임을 보여 주었고, 양의 피가 발라진 집의 장자는 죽지 않았습니다. 이렇게 하나님의 백성들은 심판과 죽음에서 건짐 받았습니다. 그리고 그 양을 요리해서 먹고 더욱 힘을 얻었습니다.

열 번째 재앙으로 인해 이스라엘 백성은 이집트를 탈출하여 그 앞에 펼쳐진 여정을 떠나게 되었습니다! 이후로 이스라엘 백성은 이 심판과 자비의 날을 유월절(Passover)이라 불리는 연례 절기로 기념하였습니다.

하나님은 거룩하신 분이며 최고의 심판자이십니다. 그분은 죄를 벌하시는 심판자인 동시에 우리를 사랑하시는 구원자이기도 하십니다. 유월절 사건은 '예수 그리스도'를 암시합니다. 예수님을 믿는 자는 누구나 하나님의 소유가 됩니다. "이 뜻을 따라 예수 그리스도의 몸을 단번에 드리심으로 말미암아 우리가 거룩함을 얻었노라"(히브리서 10:10). 예수님은 우리를 구원하시기 위해 그분 자신의 피를 우리 영혼의 문설주에 바르셨습니다.

📖 출애굽기 12장을 읽고 다음 질문에 답하세요.

⁵너희 어린 양은 흠 없고 일 년 된 수컷으로 하되 양이나 염소 중에서 취하고 ⁶이 달 열나흗날까지 간직하였다가 해 질 때에 이스라엘 회중이 그 양을 잡고 ⁷그 피를 양을 먹을 집 좌우 문설주와 인방에 바르고 ⁸그 밤에 그 고기를 불에 구워 무교병과 쓴 나물과 아울러 먹되 ⁹날것으로나 물에 삶아서 먹지 말고 머리와 다리와 내장을 다 불에 구워 먹고 ¹⁰아침까지 남겨두지 말며 아침까지 남은 것은 곧 불사르라 ¹¹너희는 그것을 이렇게 먹을지니 허리에 띠를 띠고 발에 신을 신고 손에 지팡이를 잡고 급히 먹으라 이것이 여호와의 유월절이니라 ¹²내가 그 밤에 애굽 땅에 두루 다니며 사람이나 짐승을 막론하고 애굽 땅에 있는 모든 처음 난 것을 다 치고 애굽의 모든 신을 내가 심판하리라 나는 여호와라 ¹³내가 애굽 땅을 칠 때에 그 피가 너희가 사는 집에 있어서 너희를 위하여 표적이 될지라 내가 피를 볼 때에 너희를 넘어가리니 재앙이 너희에게 내려 멸하지 아니하리라

Q1 출애굽기 12장에서 하나님의 행하심을 통해 알 수 있는 그분의 성품은 무엇인가요?

Q2 12-13절은 각각 하나님의 공의와 자비를 어떻게 보여 주고 있나요?

Q3 세례 요한은 예수님을 "하나님의 어린 양"(요한복음 1:29)이라고 불렀습니다. 그가 왜 예수님을 그렇게 불렀는지 출애굽기 12장 내용을 묵상하며 찾아 보세요.

Q4 예수님은 고린도전서 5장 7절에서 어떻게 불리고 계시나요? 그 사실이 왜 우리에게 중요한가요?

📖 오늘은 신명기 7장 8-9절 말씀으로 기도드립니다.

⁸여호와께서 다만 너희를 사랑하심으로 말미암아, 또는 너희의 조상들에게 하신 맹세를 지키려 하심으로 말미암아 자기의 권능의 손으로 너희를 인도하여 내시되 너희를 그 종 되었던 집에서 애굽 왕 바로의 손에서 속량하셨나니 ⁹그런즉 너는 알라 오직 네 하나님 여호와는 하나님이시요 신실하신 하나님이시라 그를 사랑하고 그의 계명을 지키는 자에게는 천 대까지 그의 언약을 이행하시며 인애를 베푸시되

구원의 주님, 죄의 종이었던 저를 구원해 주셔서, 그리고 주의 백성으로 불러 주셔서 감사드립니다. 제가 주님 안에서 자유하다는 것과 이제는 죄의 종으로 살 필요가 없다는 것을 잊지 않게 해 주세요. 예수님의 이름으로 기도드립니다. 아멘.

DAY 08
십계명과 광야의 삶

> 모세가 하나님 앞에 올라가니 여호와께서 산에서 그를 불러 말씀하시되 너는 이같이 야곱의 집에 말하고 이스라엘 자손들에게 말하라 내가 애굽 사람에게 어떻게 행하였음과 내가 어떻게 독수리 날개로 너희를 업어 내게로 인도하였음을 너희가 보았느니라 세계가 다 내게 속하였나니 너희가 내 말을 잘 듣고 내 언약을 지키면 너희는 모든 민족 중에서 내 소유가 되겠고 너희가 내게 대하여 제사장 나라가 되며 거룩한 백성이 되리라 너는 이 말을 이스라엘 자손에게 전할지니라 **출애굽기 19:3-6**

하나님은 이스라엘 민족을 그분의 특별한 백성으로 택하셔서 그분의 온전한 성품이 담긴 십계명을 그들에게 주셨습니다. 그리고 하나님의 거룩하심을 드러내는 방식으로 살라고 명령하셨습니다. 거룩하신 하나님의 백성답게 말입니다. "나는 여호와 너희의 하나님이라 내가 거룩하니 너희도 몸을 구별하여 거룩하게 하고…"(레위기 11:44). 그러나 이스라엘 민족은 이 계명을 모두 지킬 수 없었습니다. 우리 역시 마찬가지입니다. 하지만 인간은 실패할지라도 하나님은 그렇지 않습니다. 그분은 신실하신 분입니다. 그분은 우리와 친밀한 관계를 맺기 원하십니다. "나는 너희 중에 행하여 너희의 하나님이 되고 너희는 내 백성이 될 것이니라"(레위기 26:12).

이스라엘 민족은 하나님을 점차 경험하면서 그분만이 능력의 공급자이심을 깨닫기 시작했습니다. 그들은 하나님이 내리신 열 가지 재앙 후에야 비로소 이집트를 빠져나올 수 있었습니다. 광야에서 밤에는 불기둥, 낮에는 구름기둥으로 하나님의 인도하심을 받았습니다. 하나님은 그들을 구원하시기 위해 홍해를 가르셨고, 그들을 쫓아오는 이집트 군인들은 전부 물에 빠뜨리셨습니다. 또한 마실 수 없는 물을 마실 수 있게 하셨고, 반석에서 물을 내어 마시게 하셨습니다. 하나님은 이렇게 그분의 신실하심을 보여 주셨습니다. 불가능한 일을 행하심으로써 그들의 필요를 공급해 주셨습니다.

그러나 이스라엘 민족은 그들이 들어갈 약속의 땅에 사는 거인 같은 사람들을 본 후, 하나님의 힘과 공급하심을 의심했습니다. 공포에 질려 그들을 결코 이길 수 없을 것이라고 생각했습니다. 즉, 하나님께서 약속하신 그 땅을 주실 것이라고 믿지 않았습니다. 이러한 불신으로 인해 이스라엘 백성은 그 후 40년을 광야에서 떠돌아야 했습니다.

이스라엘 민족은 그렇게 40년을 광야에서 보내며 하나님 없이는 살 수 없다는 것을 배워갔습니다. 때로 그들은 우상을 만들고 스스로 문제를 해결하기 위해 애를 썼지만 그렇게 하면 할 수록 더욱 보기 좋게 넘어졌습니다. 이스라엘 민족은 진심으로 통회하고 죄에서 돌이키는, 참된 회개의 법을 배워야 했습니다. 그리고 '순종'이 축복을 낳는다는 것을, 또 하나님의 임재가 '전부'라는 것을 배워야 했습니다. 그들은 광야에서의 기간 동안 기도하고 예배하며 서로를 섬기고 하나님의 음성을 듣는 법을 배웠습니다.

때로 당신도 광야에서 떠돌고 있는 듯한 느낌이 들 때가 있을 것입니다. 그때 이것을 반드시 기억하세요. 하나님께서 항상 당신과 함께 하시며 모든 상황을 인도하고 계신다는 것을 말입니다. 수천 년 전 이스라엘 백성을 이끄셨던 것처럼 하나님은 이 여정을 통해 당신을 그분께로 더 가까이 이끄시고 그분의 신실하심을 보여 주실 것입니다. "네 하나님 여호와께서 네가 하는 모든 일에 네게 복을 주시고 네가 이 큰 광야에 두루 다님을 알고 네 하나님 여호와께서 이 사십 년 동안을 너와 함께 하셨으므로 네게 부족함이 없었느니라"(신명기 2:7).

📖 출애굽기 20장을 읽고 다음 질문에 답하세요.

[1] 하나님이 이 모든 말씀으로 말씀하여 이르시되 [2] 나는 너를 애굽 땅, 종 되었던 집에서 인도하여 낸 네 하나님 여호와니라 [3] 너는 나 외에는 다른 신들을 네게 두지 말라 [4] 너를 위하여 새긴 우상을 만

들지 말고 또 위로 하늘에 있는 것이나 아래로 땅에 있는 것이나 땅 아래 물 속에 있는 것의 어떤 형상도 만들지 말며 [5]그것들에게 절하지 말며 그것들을 섬기지 말라 나 네 하나님 여호와는 질투하는 하나님인즉 나를 미워하는 자의 죄를 갚되 아버지로부터 아들에게로 삼사 대까지 이르게 하거니와 [6]나를 사랑하고 내 계명을 지키는 자에게는 천 대까지 은혜를 베푸느니라 [7]너는 네 하나님 여호와의 이름을 망령되게 부르지 말라 여호와는 그의 이름을 망령되게 부르는 자를 죄 없다 하지 아니하리라 [8]안식일을 기억하여 거룩하게 지키라 [9]엿새 동안은 힘써 네 모든 일을 행할 것이나 [10]일곱째 날은 네 하나님 여호와의 안식일인즉 너나 네 아들이나 네 딸이나 네 남종이나 네 여종이나 네 가축이나 네 문안에 머무는 객이라도 아무 일도 하지 말라 [11]이는 엿새 동안에 나 여호와가 하늘과 땅과 바다와 그 가운데 모든 것을 만들고 일곱째 날에 쉬었음이라 그러므로 나 여호와가 안식일을 복되게 하여 그 날을 거룩하게 하였느니라 [12]네 부모를 공경하라 그리하면 네 하나님 여호와가 네게 준 땅에서 네 생명이 길리라 [13]살인하지 말라 [14]간음하지 말라 [15]도둑질하지 말라 [16]네 이웃에 대하여 거짓 증거하지 말라 [17]네 이웃의 집을 탐내지 말라 네 이웃의 아내나 그의 남종이나 그의 여종이나 그의 소나 그의 나귀나 무릇 네 이웃의 소유를 탐내지 말라 [18]뭇 백성이 우레와 번개와 나팔 소리와 산의 연기를 본지라 그들이 볼 때에 떨며 멀리 서서 [19]모세에게 이르되 당신이 우리에게 말씀하소서 우리가 들으리이다 하나님이 우리에게 말씀하시지 말게 하소서 우리가 죽을까 하나이다 [20]모세가 백성에게 이르되 두려워하지 말라 하나님이 임하심은 너희를 시험하고 너희로 경외하여 범죄하지 않게 하려 하심이니라 [21]백성은 멀리 서 있고 모세는 하나님이 계신 흑암으로 가까이 가니라 ²²여호와께서 모세에게 이르시되 너는 이스라엘 자손에게 이같이 이르라 내가 하늘로부터 너희에게 말하는 것을 너희 스스로 보았으니 ²³너희는 나를 비겨서 은으로나 금으로나 너희를 위하여 신상을 만들지 말고 ²⁴내게 토단을 쌓고 그 위에 네 양과 소로 네 번제와 화목제를 드리라 내가 내 이름을 기념하게 하는 모든 곳에서 네게 임하여 복을 주리라 ²⁵네가 내게 돌로 제단을 쌓거든 다듬은 돌로 쌓지 말라 네가 정으로 그것을 쪼면 부정하게 함이니라 ²⁶너는 층계로 내 제단에 오르지 말라 네 하체가 그 위에서 드러날까 함이니라

Q1 하나님의 임재가 왜 이스라엘 백성들에게 두려운 것이 되었나요?

Q2 당신도 하나님의 임재가 두렵게 느껴지나요? 그렇다면, 혹은 그렇지 않다면 그 이유는 무엇인가요?

Q3 십계명이 어떤 면에서 당신에게 유익할까요?

Q4 십계명을 통해 알게 된 하나님의 성품은 무엇인가요?

📖 오늘은 출애굽기 20장 말씀으로 기도드립니다.

신실하신 하나님, 저를 죄의 노예에서 해방시켜 주셔서 감사드립니다. 제가 하나님을 예배하고 영광 돌리며 또한 말씀을 부지런히 듣고 순종할 수 있도록 도와주세요. 저를 창조해 주시고 구원해 주심에 감사드립니다. 예수님의 이름으로 기도드립니다. 아멘.

레위기 | 26:12

나는 너희 중에 행하여 너희의 하나님이 되고 너희는 내 백성이 될 것이니라

I will walk among you and be your God, and you will be my people.

Leviticus

예언된 하나님의 계획

> 그가 찔림은 우리의 허물 때문이요 그가 상함은 우리의 죄악 때문이라 그가 징계를 받으므로 우리는 평화를 누리고 그가 채찍에 맞으므로 우리는 나음을 받았도다 우리는 다 양 같아서 그릇 행하여 각기 제 길로 갔거늘 여호와께서는 우리 모두의 죄악을 그에게 담당시키셨도다 **이사야 53:5-6**

    예수님이 태어나시기 훨씬 전에 쓰인 이 구약의 말씀은 죄를 용서하시기 위해 십자가에 달려 죽으신 예수님의 죽음을 묘사하고 있습니다. 하나님은 이 말씀을 선지자 이사야에게 주셨습니다. '선지자'는 하나님의 말씀을 선포하고 그분의 말씀을 해석하는 사람들을 가리킵니다. 때로 그들은 하나님의 약속이나 하나님의 심판에 대해 말하기도 했습니다. 또한 미래의 일을 예언하기도 했습니다. 사실, 시편 기자와 스가랴 선지자는 십자가형이라는 처형 방식이 생기기도 전에 손과 발에 못 박히신 예수님에 대해 묘사했습니다! 이러한 예언의 글들은 선지자 스스로 이해한 내용보다 훨씬 더 깊은 의미를 가지고 있었습니다.

    하나님은 창조 이전부터 우리의 구원 계획을 가지고 계셨습니다. 이 땅에 아들 예수 그리스도를 보내겠다는 그분의 계획은 즉흥적으로 내린 결정이 아니었습니다. 하나님은 태초부터 일어날 일을 다 알고 계셨습니다. 우리 모두는 하나님께 등을 돌리고 죄를 지었지만, 그분은 스스로 우리의 죄를 짊어지시고 우리를 위한 희생 제물이 되어 주셨습니다. 예수님은 고난 받는 종이 되셔서 우리를 위해 기꺼이 십자가의 죽음을 향해 나아가셨습니다. 불평 가득하고 무력한 상태에 있는 우리를 그대로 버려두지 않으시고 우리 대신 죽임을 당하셨습니다. 예수님은 죽음에서 부활하셨고 죄와 죽음에 대한 승리를 우리와 함께 나누셨습니다. 그래서 이제 우리는 주님으로 인해 하나님과 새로운 관계, 회복된 관계를 맺을 수 있게 되었습니다!

이러한 예언의 말씀은 하나님의 백성들의 마음을 흥분시켰습니다. 그들은 뭔가 큰 일이 일어날 것이며, 그 일이 자유를 가져다 줄 것임을 알았습니다. 이를 통해 하나님과 보다 친밀한 관계를 맺게 될 것임도 알았습니다. 정확히 언제 어떻게 일어날 것인지는 몰랐지만 그들은 하나님께서 그 약속을 지키실 것이라고 믿었습니다.

📖 이사야 52장 13절에서 53장 12절까지 읽고 다음 질문에 답하세요.

¹³보라 내 종이 형통하리니 받들어 높이 들려서 지극히 존귀하게 되리라 ¹⁴전에는 그의 모양이 타인보다 상하였고 그의 모습이 사람들보다 상하였으므로 많은 사람이 그에 대하여 놀랐거니와 ¹⁵그가 나라들을 놀라게 할 것이며 왕들은 그로 말미암아 그들의 입을 봉하리니 이는 그들이 아직 그들에게 전파되지 아니한 것을 볼 것이요 아직 듣지 못한 것을 깨달을 것임이라

¹우리가 전한 것을 누가 믿었느냐 여호와의 팔이 누구에게 나타났느냐 ²그는 주 앞에서 자라나기를 연한 순 같고 마른 땅에서 나온 뿌리 같아서 고운 모양도 없고 풍채도 없은즉 우리가 보기에 흠모할 만한 아름다운 것이 없도다 ³그는 멸시를 받아 사람들에게 버림 받았으며 간고를 많이 겪었으며 질고를 아는 자라 마치 사람들이 그에게서 얼굴을 가리는 것 같이 멸시를 당하였고 우리도 그를 귀히 여기지 아니하였도다 ⁴그는 실로 우리의 질고를 지고 우리의 슬픔을 당하였거늘 우리는 생각하기를 그는 징벌을 받아 하나님께 맞으며 고난을 당한다 하였노라 ⁵그가 찔림은 우리의 허물 때문이요 그가 상함은 우리의 죄악 때문이라 그가 징계를 받으므로 우리는 평화를 누리고 그가 채찍에 맞으므로 우리는 나음을 받았도다 ⁶우리는 다 양 같아서 그릇 행하여 각기 제 길로 갔거늘 여호와께서는 우리 모두의 죄악을 그에게 담당시키셨도다 ⁷그가 곤욕을 당하여 괴로울 때에도 그의 입을 열지 아니하였음이여 마치 도수장으로 끌려 가는 어

린 양과 털 깎는 자 앞에서 잠잠한 양 같이 그의 입을 열지 아니하였도다 ⁸그는 곤욕과 심문을 당하고 끌려 갔으나 그 세대 중에 누가 생각하기를 그가 살아 있는 자들의 땅에서 끊어짐은 마땅히 형벌 받을 내 백성의 허물 때문이라 하였으리요 ⁹그는 강포를 행하지 아니하였고 그의 입에 거짓이 없었으나 그의 무덤이 악인들과 함께 있었으며 그가 죽은 후에 부자와 함께 있었도다 ¹⁰여호와께서 그에게 상함을 받게 하시기를 원하사 질고를 당하게 하셨은즉 그의 영혼을 속건제물로 드리기에 이르면 그가 씨를 보게 되며 그의 날은 길 것이요 또 그의 손으로 여호와께서 기뻐하시는 뜻을 성취하리로다 ¹¹그가 자기 영혼의 수고한 것을 보고 만족하게 여길 것이라 나의 의로운 종이 자기 지식으로 많은 사람을 의롭게 하며 또 그들의 죄악을 친히 담당하리로다 ¹²그러므로 내가 그에게 존귀한 자와 함께 몫을 받게 하며 강한 자와 함께 탈취한 것을 나누게 하리니 이는 그가 자기 영혼을 버려 사망에 이르게 하며 범죄자 중 하나로 헤아림을 받았음이니라 그러나 그가 많은 사람의 죄를 담당하며 범죄자를 위하여 기도하였느니라

Q1 예수님께서 우리 모두의 죄악을 담당하셨다는 말씀의 의미는 무엇인가요?(이사야 53:6)

Q2 "우리는 다 양 같아서 그릇 행하여 각기 제 길로 갔거늘"(이사야 53:6)이라는 말씀을 읽으면서 어떤 생각이 드나요? 당신도 이렇게 행하였나요?

Q3 당신은 이 말씀을 통해 당신의 죄와 예수님의 희생에 대해 좀더 이해하게 되었나요?

Q4 이사야 53장 10-12절 말씀에 따르면 예수님의 죽으심으로 인한 결과는 무엇인가요?

📖 오늘은 이사야 53장 5-6절 말씀으로 기도드립니다.

⁵그가 찔림은 우리의 허물 때문이요 그가 상함은 우리의 죄악 때문이라 그가 징계를 받으므로 우리는 평화를 누리고 그가 채찍에 맞으므로 우리는 나음을 받았도다 ⁶우리는 다 양 같아서 그릇 행하여 각기 제 길로 갔거늘 여호와께서는 우리 모두의 죄악을 그에게 담당시키셨도다

구원의 예수님, 주님은 저의 허물 때문에 찔리셨고 저의 죄악 때문에 상하셨습니다. 주님은 우리 모두의 죄를 짊어지시고 십자가에서 죄의 값을 지불하셨습니다. 저를 구원하여 주셔서 감사드립니다. 그 희생을 통하여 주님과 교제할 수 있게 해 주셔서 감사드립니다. 제가 주님의 말씀을 더욱 잘 이해하고 삶에 적용할 수 있도록 도와주세요. 예수님의 이름으로 기도드립니다. 아멘.

DAY 10
성취된 하나님의 계획

> 요셉도 다윗의 집 족속이므로 갈릴리 나사렛 동네에서 유대를 향하여 베들레헴이라 하는 다윗의 동네로 그 약혼한 마리아와 함께 호적하러 올라가니 마리아가 이미 잉태하였더라 거기 있을 그 때에 해산할 날이 차서 첫아들을 낳아 강보로 싸서 구유에 뉘었으니 이는 여관에 있을 곳이 없음이러라 **누가복음 2:4-7**

    수 세기 동안 이스라엘 민족은 자신들을 구원해 줄 메시야에 대한 예언을 읽어왔습니다. 많은 이들이 그 예언의 말씀을 암송했고 메시야의 오심을 열렬히 기다렸습니다. 하지만 그들이 기대한 메시야는 압제자를 물리치고 정치적 자유를 가져올 화려하고 강력한 왕이었습니다. 그들은 메시야가 오면 자신들이 권력을 얻게 될 것이라고 기대했습니다. 메시야를 강력한 왕의 존재로 생각했기 때문입니다.

    그러나 하나님의 계획은 달랐습니다. 메시야 예수님은 냄새 나는 헛간에서 연약한 아기의 모습으로 이 땅에 오셨습니다. 예수님의 부모인 요셉과 마리아는 겸손하고 평범하며 신실한 사람들이었습니다. 천사들은 예수님의 탄생 소식을 정치인들이나 종교지도자들이 아닌, 허름한 목자들과 이방 나라의 지혜자들에게 알렸습니다.

예수님은 종교인들과 어울리며 규칙을 부과하거나 왕처럼 행세하기 위해 이 땅에 오신 것이 아닙니다. 그분은 하나님의 율법을 성취하시기 위해, 죄인들과 함께 하시기 위해, 그분의 의로우심과 용서하심으로 우리의 죄를 덮으시기 위해, 십자가에 달려 죽으시고 부활하시기 위해 이 땅에 오셨습니다. 예수님은 간절히 구원을 바라는 사람들을 돕기 위해, 아픈 사람들과 두려워하며 죄책감으로 괴로워하는 사람들을 위해 오셨습니다. 그분은 우리를 온전케 하시기 위해, 우리를 가르치시고 위로하시며 또한 우리가 그분의 것이 되게 하시기 위해 오셨습니다. 그분은 당신과 나를 위해 이 땅에 오셨습니다! 그분이 채찍에 맞으심으로 우리는 나음을 입었습니다. 그분이 죽으심으로 우리는 생명을 얻었습니다. 예수님은 말씀과 성령으로 우리를 그분과 같은 모습으로 변화시켜 가십니다.

📖 누가복음 1-2장을 읽고 다음 질문에 답하세요.

(누가복음 2장) 8그 지역에 목자들이 밤에 밖에서 자기 양 떼를 지키더니 9주의 사자가 곁에 서고 주의 영광이 그들을 두루 비추매 크게 무서워하는지라 10천사가 이르되 무서워하지 말라 보라 내가 온 백성에게 미칠 큰 기쁨의 좋은 소식을 너희에게 전하노라 11오늘

다윗의 동네에 너희를 위하여 구주가 나셨으니 곧 그리스도 주시니라 ¹²너희가 가서 강보에 싸여 구유에 뉘어 있는 아기를 보리니 이것이 너희에게 표적이니라 하더니 ¹³홀연히 수많은 천군이 그 천사들과 함께 하나님을 찬송하여 이르되 ¹⁴지극히 높은 곳에서는 하나님께 영광이요 땅에서는 하나님이 기뻐하신 사람들 중에 평화로다 하니라

Q1 예수님의 탄생을 둘러싼 당시의 상황은 어떠했나요? 만약 당신이 하나님이라면 당신의 아들이 태어날 장소로 마구간을 택했을까요?

Q2 천사들을 본 목자들은 무슨 생각을 했을까요? 천사들이 전한 소식을 듣고 그들이 보인 반응은 당신에게 어떤 본이 되나요?

Q3 만약 당신이 아기 예수님을 보았다면 어떤 생각을 했을까요?

Q4 당신은 하나님의 계획에 대한 이 말씀을 통해 무엇을 깨달았나요?

📖 오늘은 누가복음 1장 38절과 2장 31절 말씀으로 기도드립니다.

³⁸마리아가 이르되 주의 여종이오니 말씀대로 내게 이루어지이다 하매 천사가 떠나가니라

³¹이는 만민 앞에 예비하신 것이요

하나님 아버지, 주님께는 불가능한 일이 없으십니다! 모든 열방을 위해 예비하신, 우리의 구원이신 예수님을 이 땅에 보내 주셔서 감사드립니다. 저는 주님의 종이오니 주님의 말씀이 제 삶에 이뤄지기를 원합니다. 제가 날마다 예수님을 닮아가도록 변화시켜 주세요. 예수님의 이름으로 기도드립니다. 아멘.

회개의 의미

> 그 때에 세례 요한이 이르러 유대 광야에서 전파하여 말하되 회개하라 천국이 가까이 왔느니라 하였으니 그는 선지자 이사야를 통하여 말씀하신 자라 일렀으되 광야에 외치는 자의 소리가 있어 이르되 너희는 주의 길을 준비하라 그가 오실 길을 곧게 하라 하였느니라 **마태복음 3:1-3**

하나님은 세례 요한에게 아주 중요한 일을 맡기셨습니다. 그것은 사람들에게 예수님을 맞을 준비를 시키는 것이었습니다. 세례 요한의 메시지는 단순했습니다. 그는 점검 리스트를 나눠 주면서 "똑바로 사시오! 예수님이 곧 오십니다!"라고 말하지 않았습니다. 그는 예수님께서 행하실 일이 사람들을 종교적이고 도덕적으로 만드는 것보다 훨씬 더 의미 있는 일임을 알고 있었습니다. 그래서 그가 다루기 원했던 것은 사람들의 행동이 아니라 그들의 마음 상태였습니다. 주님을 맞을 준비를 위해서는 먼저 회개가 일어나야 했습니다.

회개는 어떤 변덕스러운 감정이 아니라 분명한 행위입니다. 그것은 미안해하는 감정이나 죄책감이 아니며 잘못한 일이 발각되어 수치심을 느끼는 것도 아닙니다. 회개는 우리의 잘못된 생각과 행동을 돌이켜 예수님께로 향하는 것입니다. 회개할 때 우리는 죄와 그로 인해 빚어진 아픔들에 대해 깊이 슬퍼하게 됩니다. 우리의 죄가 하나님과의 관계를 깨뜨린 것에 대해 애통해하게 됩니다. 물론 회개를 한다고 해서 우리가 갑자기 완벽해지는 것은 아닙니다. 회개란, 예수님 없이 우리 혼자서는 일을 바로잡거나 고칠 수 없다는 것을 인정하는 것입니다. 우리는 성령을 통해 우리 마음과 행동을 변화시켜 달라고 예수님께 구해야 합니다.

세례 요한은 그저 우리가 최선을 다한다고 해서 좋은 그리스도인이 되는 것이 아님을, 또 하나님께 구하기 전까지는 우리 스스로의 삶을 깨끗하게 할 수 없음을 가르쳤습니다. 우리는 회개를 건너뛰고 주님을 위해 선한 일을 하겠다고 뛰어들 수 없습니다. 예수님 시대에 종교인들은 자신의 선행에 대한 별 스티커(훈장)를 원했지만 예수님은 그 모든 것을 다 뒤집으셨습니다. "예수께서 들으시고 그들에게 이르시되 건강한 자에게는 의사가 쓸 데 없고 병든 자에게라야 쓸 데 있느니라 나는 의인을 부르러 온 것이 아니요 죄인을 부르러 왔노라"(마가복음 2:17). 우리와 예수님과의 관계는 "나는 예수님이 필요해요"라고 인정함으로써 시작됩니다. 그리스도를 떠나서는 하나님을 예배하거나 그분과 바른 관계를 맺을 수 없습니다. 우리는 주님께 우리의 죄를 용서해 주시도록, 또 우리가 그분을 닮아갈 수 있도록 해 달라고 간구해야 합니다.

📖 고린도후서 7장 2-16절을 읽고 다음 질문에 답하세요.

²마음으로 우리를 영접하라 우리는 아무에게도 불의를 행하지 않고 아무에게도 해롭게 하지 않고 아무에게서도 속여 빼앗은 일이 없노라 ³내가 이 말을 하는 것은 너희를 정죄하려고 하는 것이 아니라 내가 이전에 말하였거니와 너희가 우리 마음에 있어 함께 죽고 함께 살게 하고자 함이라 ⁴나는 너희를 향하여 담대한 것도 많고 너희를 위하여 자랑하는 것도 많으니 내가 우리의 모든 환난 가운데서도 위로가 가득하고 기쁨이 넘치는도다 ⁵우리가 마게도냐에 이르렀을 때에도 우리 육체가 편하지 못하였고 사방으로 환난을 당하여 밖으로는 다툼이요 안으로는 두려움이었노라 ⁶그러나 낙심한 자들을 위로하시는 하나님이 디도가 옴으로 우리를 위로하셨으니 ⁷그가 온 것뿐 아니요 오직 그가 너희에게서 받은 그 위로로 위로하고 너희의 사모함과 애통함과 나를 위하여 열심 있는 것을 우리에게 보고함으로 나를 더욱 기쁘게 하였느니라 ⁸그러므로 내가 편지로 너희를 근심하게 한 것을 후회하였으나 지금은 후회하지 아니함은 그 편지가 너희로 잠시만 근심하게 한 줄을 앎이라 ⁹내가 지금 기뻐함은 너희로 근심하게 한 까닭이 아니요 도리어 너희가 근심함으로 회개함에 이른 까닭이라 너희가 하나님의 뜻대로 근심하게 된 것은 우리에게서 아무 해도 받지 않게 하려 함이라 ¹⁰하나님의

뜻대로 하는 근심은 후회할 것이 없는 구원에 이르게 하는 회개를 이루는 것이요 세상 근심은 사망을 이루는 것이니라 ¹¹보라 하나님의 뜻대로 하게 된 이 근심이 너희로 얼마나 간절하게 하며 얼마나 변증하게 하며 얼마나 분하게 하며 얼마나 두렵게 하며 얼마나 사모하게 하며 얼마나 열심 있게 하며 얼마나 벌하게 하였는가 너희가 그 일에 대하여 일체 너희 자신의 깨끗함을 나타내었느니라 ¹²그런즉 내가 너희에게 쓴 것은 그 불의를 행한 자를 위한 것도 아니요 그 불의를 당한 자를 위한 것도 아니요 오직 우리를 위한 너희의 간절함이 하나님 앞에서 너희에게 나타나게 하려 함이로라 ¹³이로 말미암아 우리가 위로를 받았고 우리가 받은 위로 위에 디도의 기쁨으로 우리가 더욱 많이 기뻐함은 그의 마음이 너희 무리로 말미암아 안심함을 얻었음이라 ¹⁴내가 그에게 너희를 위하여 자랑한 것이 있더라도 부끄럽지 아니하니 우리가 너희에게 이른 말이 다 참된 것 같이 디도 앞에서 우리가 자랑한 것도 참되게 되었도다 ¹⁵그가 너희 모든 사람들이 두려움과 떪으로 자기를 영접하여 순종한 것을 생각하고 너희를 향하여 그의 심정이 더욱 깊었으니 ¹⁶내가 범사에 너희를 신뢰하게 된 것을 기뻐하노라

Q1 당신은 회개를 무엇이라고 생각하나요?

Q2 당신이 회개해야 할 것들은 무엇인가요? 삶의 새로운 변화를 위해 하나님의 도우심이 필요한 영역은 무엇인가요?

Q3 죄로 인한 '경건한 슬픔'을 경험해 본 적이 있나요? 그렇다면 그때의 상황에 대해 자세히 나눠 주세요.

Q4 고린도후서 7장 10절에 따르면 회개의 결과는 무엇인가요?

📖 오늘은 시편 25편 5-8, 20-21절 말씀으로 기도드립니다.

^{5}주의 진리로 나를 지도하시고 교훈하소서 주는 내 구원의 하나님이시니 내가 종일 주를 기다리나이다 ^{6}여호와여 주의 긍휼하심과 인자하심이 영원부터 있었사오니 주여 이것들을 기억하옵소서 ^{7}여호와여 내 젊은 시절의 죄와 허물을 기억하지 마시고 주의 인자하심을 따라 주께서 나를 기억하시되 주의 선하심으로 하옵소서 ^{8}여호와는 선하시고 정직하시니 그러므로 그의 도로 죄인들을 교훈하시리로다

^{20}내 영혼을 지켜 나를 구원하소서 내가 주께 피하오니 수치를 당하지 않게 하소서 ^{21}내가 주를 바라오니 성실과 정직으로 나를 보호하소서

구원자 되시는 주님, 진리 가운데 저를 인도해 주시고 가르쳐 주세요. 제 죄를 기억하지 마시고 크신 사랑 가운데 저를 기억해 주세요. 선하시고 의로우신 주님, 죄인들을 교훈하시는 주님, 저의 죄가 너무 크지만 주님의 이름을 위하여 용서해 주세요. 저의 생명을 지켜 주시고 구원해 주세요. 주께 피하오니 제가 수치를 당하지 않게 해 주세요. 제 소망은 오직 주님께 있사오니 성실과 의로우심으로 저를 보호해 주세요. 예수님의 이름으로 기도드립니다. 아멘.

DAY 12
신이면서 인간이신 한 분 예수님

너희 안에 이 마음을 품으라 곧 그리스도 예수의 마음이니 그는 근본 하나님의 본체시나 하나님과 동등됨을 취할 것으로 여기지 아니하시고 오히려 자기를 비워 종의 형체를 가지사 사람들과 같이 되셨고 사람의 모양으로 나타나사 자기를 낮추시고 죽기까지 복종하셨으니 곧 십자가에 죽으심이라 **빌립보서 2:5-8**

    예수님은 온전한 신이시며 또한 온전한 인간이셨습니다. 성경은 예수님을 하나님의 아들이자 동시에 마리아의 아들이라고 이야기합니다. 만물을 만드신 창조주가 한 아기로 태어나셨습니다. 만물을 지탱하시는 분이 엄마의 젖을 먹고 자라나셨습니다. 우리의 모든 필요를 만족시키시는 분이 배고픔과 목마름을 느끼셨습니다. 자라나게 하시는 유일한 분이 자라나셨습니다. 위로자 되시는 분이 정서적, 육체적, 영적 모든 면에서 고통을 겪으셨습니다.

    구약에서 희생 제물로 선택되는 동물은 바로 흠 없고 온전한, 가장 좋은 것이었다는 사실을 기억하나요? 그 동물은 바로 우리를 위해 완전한 희생 제물이 되셔야 했던 예수님을 가리킵니다. 우리는 돈으로 산 바 되지 않았습니다. 우리는 공허하고 죄로 가득한 삶에서 벗어나 충만하고 은혜로 가득한 삶을 살아가도록 예수님의 피 값으로 산 바 된 존재입니다.

하나님이시면서 또한 인간이신 예수님만이 이 완벽한 희생제물이 되실 수 있었습니다. 죄가 없으신 예수님은 인간과 하나님 사이에서 중재자가 되시기 위해 우리처럼 인간이 되셔야 했습니다. 중재자는 율법을 완벽하게 지켜야 했습니다. 그럴 수 있으신 분은 하나님 한 분뿐이십니다. 그러므로 하나님만이 우리의 중재자가 되실 수 있습니다! 또한 중재자는 인간인 우리가 그분의 승리를 함께 공유할 수 있도록 인간의 속성도 가지고 있어야 했습니다. 이 모든 조건을 만족시키는 예수님이 우리를 위해 인간이 되셨습니다. 참 하나님이자 참 인간이신 예수님은 죽으시고 부활하셔서 하나님과 죄인들의 관계를 화목하게 하셨습니다. 이 땅에 작은 아기로 오신 예수님은 죄와 죽음, 그리고 사탄을 이기고 정복하셨습니다!

📖 히브리서 4장 14절에서 5장 10절까지 읽고 다음 질문에 답하세요.

[14]그러므로 우리에게 큰 대제사장이 계시니 승천하신 이 곧 하나님의 아들 예수시라 우리가 믿는 도리를 굳게 잡을지어다 [15]우리에게 있는 대제사장은 우리의 연약함을 동정하지 못하실 이가 아니요 모든 일에 우리와 똑같이 시험을 받으신 이로되 죄는 없으

시니라 ¹⁶그러므로 우리는 긍휼하심을 받고 때를 따라 돕는 은혜를 얻기 위하여 은혜의 보좌 앞에 담대히 나아갈 것이니라

⁷그는 육체에 계실 때에 자기를 죽음에서 능히 구원하실 이에게 심한 통곡과 눈물로 간구와 소원을 올렸고 그의 경건하심으로 말미암아 들으심을 얻었느니라

Q1 예수님은 어떤 면에서 우리를 동정해 주실 수 있나요?

Q2 예수님이 우리를 동정하신다는 사실이 '은혜의 보좌'로 담대히 나아가는데 어떤 도움을 주나요?

Q3 예수님도 이 땅에서 우리가 직면하는 모든 문제, 예를 들어 죄와 의심, 두려움, 기쁨을 경험하셨습니다. 이 사실이 매일의 삶 속에서 느끼는 절망과 기쁨에 어떤 영향을 줄 수 있을까요?

Q4 히브리서 5장 7절을 볼 때, 당신은 예수님의 기도에 대해 무엇을 배울 수 있나요?

📖 오늘은 역사적으로 내려오는 믿음의 선언인 '사도신경'(새번역)으로 기도드립니다.

나는 전능하신 아버지 하나님, 천지의 창조주를 믿습니다. 나는 그의 유일하신 아들, 우리 주 예수 그리스도를 믿습니다. 그는 성령으로 잉태되어 동정녀 마리아에게서 나시고, 본디오 빌라도에게 고난을 받아 십자가에 못 박혀 죽으시고, 장사된 지 사흘 만에 죽은 자 가운데서 다시 살아나셨으며, 하늘에 오르시어 전능하신 아버지 하나님 우편에 앉아 계시다가, 거기로부터 살아 있는 자와 죽은 자를 심판하러 오십니다. 나는 성령을 믿으며, 거룩한 공교회와 성도의 교제와 죄를 용서 받는 것과 몸의 부활과 영생을 믿습니다. 아멘.

요한복음 | 14:6

내가 곧 길이요 진리요 생명이니 나로 말미암지 않고는 아버지께로 올 자가 없느니라

I am the way and the truth and the life. No one comes to the Father except through me.

John

DAY 13
예수님의 지상 사역

> 예수께서 온 갈릴리에 두루 다니사 그들의 회당에서 가르치시며 천국 복음을 전파하시며 백성 중의 모든 병과 모든 약한 것을 고치시니 그의 소문이 온 수리아에 퍼진지라 사람들이 모든 앓는 자 곧 각종 병에 걸려서 고통 당하는 자, 귀신 들린 자, 간질하는 자, 중풍병자들을 데려오니 그들을 고치시더라 갈릴리와 데가볼리와 예루살렘과 유대와 요단 강 건너편에서 수많은 무리가 따르니라 마태복음 4:23-25

예수님은 큰 목적을 위해 이 땅에 오셨습니다. 그 목적은 하나님 나라를 선포하시는 것과 죽음에서 다시 살아나시는 것이었습니다. 예수님은 죽음과 부활로써 사망을 이기시고 죄를 용서하시고 우리에게 영원한 생명을 주셨습니다. 예수님의 삶과 죽음, 부활과 승천은 주님이 우리에게 주신 선물이며 또한 우리에게 보여 주신 본입니다. 예수님은 우리에게 하나님과 다른 사람들을 사랑하는 법을 몸소 보여 주셨습니다.

예수님의 지상 사역은 요단 강에서 세례를 받으심으로써 시작되었습니다. 그것은 놀라운 광경이었습니다. 예수님이 세례를 받고 물에서 나오실 때, 성령이 비둘기처럼 내려왔고 "이는 내 사랑하는 아들이요 내 기뻐하는 자라"(마태복음 3:17)는 하나님의 음성이 들려왔습니다. 예수님은 세례를 받으신 후, 성령에 이끌리어 광야에서 40일을 보내셨습니다. 그때 사탄은 하나님의 뜻이 이뤄지지 않도록 예수님을 유혹했습니다. 세속적 유익을 위해 그분의 능력을 사용하도록 부추겼습니다. 그러나 예수님은 유혹에 맞서 굳게 대항하시며 하나님의 말씀으로 사탄을 물리치셨습니다.

광야에서 돌아오신 예수님은 하나님 나라를 선포하시고 귀신을 쫓아내시며 기적을 행하셨습니다. 예수님의 메시지는 단순했습니다. "하나님의 나라가 가까이 왔으니 회개하고 복음을 믿으라"(마가복음 1:15). 예수님은 열두 제자를 택하셔서 하나님 나라를 선포하고 기적을 행하도록 하셨습니다. 또한 하나님의 복과 율법, 기도와 심판, 그리고 진리에 대해 가르치셨습니다.

예수님은 사랑과 용서에 바탕을 두고 행하셨습니다. 능력과 권위로 귀신에게 물러갈 것을 명하셨고 바람과 폭풍을 잔잔케 하셨으며 병든 자를 고치셨습니다. 예수님으로 인해 보지 못하는 자들이 보고 들리지 않는 자들이 듣고 말하지 못하는 자들이 말하고 죽은 자들이 다시 살아났습니다.

이러한 예수님의 메시지와 능력은 정치 및 종교 지도자들을 불안하게 만들었습니다. 예수님은 그들이 가진 권력에 매우 위협적인 존재였습니다! 설상가상으로 그분은 공공연하게 지도

자들의 압제와 착취를 꾸짖으셨습니다. 그들의 위선을 지적하셨습니다. 성전에서 갈취하는 행위를 중단시키셨고 그곳을 예배의 장소로 다시 세우셨습니다. 예수님은 자신의 말과 행동이 권력을 잡은 정치 및 종교지도자들을 불쾌하게 할 것임을 잘 알고 계셨습니다. 그분은 제자들에게 자신의 죽음과 부활에 대해 미리 말씀하시며 두려워하지 말라고 하셨습니다.

예수님의 기적과 메시지는 오늘날에도 동일합니다. 우리는 지금 처해 있는 상황이 내 기대와 다르게 보일지라도 주님이 모든 것을 다스리고 계심을 알아야 합니다.

📖 마태복음 4장 1-11절, 마가복음 2장 1-12절, 마가복음 7-8장을 읽고 다음 질문에 답하세요.

(마태복음 4장) 1 그 때에 예수께서 성령에게 이끌리어 마귀에게 시험을 받으러 광야로 가사 2 사십 일을 밤낮으로 금식하신 후에 주리신지라 3 시험하는 자가 예수께 나아와서 이르되 네가 만일 하나님의 아들이어든 명하여 이 돌들로 떡덩이가 되게 하라 4 예수께서 대답하여 이르시되 기록되었으되 사람이 떡으로만 살 것이 아니요 하나님의 입으로부터 나오는 모든 말씀으로 살 것이라 하였느니라 하시니 5 이에 마귀가 예수를 거룩한 성으로 데려다가 성전 꼭대기에 세우고 6 이르되 네가 만일 하나님의 아들이어든 뛰어내리라 기록되었으되 그가 너를 위하여 그의 사자들을 명하시리니

그들이 손으로 너를 받들어 발이 돌에 부딪치지 않게 하리로다 하였느니라 ⁷예수께서 이르시되 또 기록되었으되 주 너의 하나님을 시험하지 말라 하였느니라 하시니 ⁸마귀가 또 그를 데리고 지극히 높은 산으로 가서 천하 만국과 그 영광을 보여 ⁹이르되 만일 내게 엎드려 경배하면 이 모든 것을 네게 주리라 ¹⁰이에 예수께서 말씀하시되 사탄아 물러가라 기록되었으되 주 너의 하나님께 경배하고 다만 그를 섬기라 하였느니라 ¹¹이에 마귀는 예수를 떠나고 천사들이 나아와서 수종드니라

(마가복음 2장) ⁵예수께서 그들의 믿음을 보시고 중풍병자에게 이르시되 작은 자야 네 죄 사함을 받았느니라 하시니 ⁶어떤 서기관들이 거기 앉아서 마음에 생각하기를 ⁷이 사람이 어찌 이렇게 말하는가 신성 모독이로다 오직 하나님 한 분 외에는 누가 능히 죄를 사하겠느냐 ⁸그들이 속으로 이렇게 생각하는 줄을 예수께서 곧 중심에 아시고 이르시되 어찌하여 이것을 마음에 생각하느냐 ⁹중풍병자에게 네 죄 사함을 받았느니라 하는 말과 일어나 네 상을 가지고 걸어가라 하는 말 중에서 어느 것이 쉽겠느냐 ¹⁰그러나 인자가 땅에서 죄를 사하는 권세가 있는 줄을 너희로 알게 하려 하노라 하시고 중풍병자에게 말씀하시되 ¹¹내가 네게 이르노니 일어나 네 상을 가지고 집으로 가라 하시니 ¹²그가 일어나 곧 상을 가지고 모든 사람 앞에서 나가거늘 그들이 다 놀라 하나님께 영광을 돌리며 이르되 우리가 이런 일을 도무지 보지 못하였다 하더라

Q1 예수님도 유혹을 받으셨다는 사실이 당신에게 어떻게 도움이 되나요?

Q2 예수님은 성경 말씀을 어떻게 사용하셨나요? 당신은 성경 말씀을 어떻게 삶에 적용하기를 원하나요?

Q3 당시 정치 및 종교 지도자들은 예수님을 보며 왜 위협을 느꼈나요?

Q4 예수님은 어떤 권세를 가지고 계셨나요?

📖 예수님의 생애를 통해 배운 내용들을 묵상하며 하나님께 감사의 고백을 드리세요. 오늘은 요한복음 17장 3-4, 13-19절 말씀으로 기도드립니다.

³영생은 곧 유일하신 참 하나님과 그가 보내신 자 예수 그리스도를 아는 것이니이다 ⁴아버지께서 내게 하라고 주신 일을 내가 이루어 아버지를 이 세상에서 영화롭게 하였사오니

¹³지금 내가 아버지께로 가오니 내가 세상에서 이 말을 하옵는 것은 그들로 내 기쁨을 그들 안에 충만히 가지게 하려 함이니이다 ¹⁴내가 아버지의 말씀을 그들에게 주었사오매 세상이 그들을 미워하였사오니 이는 내가 세상에 속하지 아니함 같이 그들도 세상에 속하지 아니함으로 인함이니이다 ¹⁵내가 비옵는 것은 그들을 세상에서 데려가시기를 위함이 아니요 다만 악에 빠지지 않게 보전하시기를 위함이니이다 ¹⁶내가 세상에 속하지 아니함 같이 그들도 세상에 속하지 아니하였사옵나이다 ¹⁷그들을 진리로 거룩하게 하옵소서 아버지의 말씀은 진리니이다 ¹⁸아버지께서 나를 세상에 보내신 것 같이 나도 그들을 세상에 보내었고 ¹⁹또 그들을 위하여 내가 나를 거룩하게 하오니 이는 그들도 진리로 거룩함을 얻게 하려 함이니이다

하나님 아버지, 영원한 생명인 영생은 하나님을 알고 또 예수 그리스도를 아는 것임을 고백합니다. 제가 아버지의 뜻을 행할 수 있도록 가르쳐 주시고, 그 뜻을 행함으로 아버지께 영광을 돌릴 수 있는 삶을 살게 해 주세요. 저를 모든 악으로부터 지켜 주시고, 제가 말씀으로 변화되어 더욱 아버지를 닮아가도록 도와주세요. 예수님의 이름으로 기도드립니다. 아멘.

DAY 14

십자가에서 죽으신 예수님

이에 총독의 군병들이 예수를 데리고 관정 안으로 들어가서 온 군대를 그에게로 모으고 그의 옷을 벗기고 홍포를 입히며 가시 관을 엮어 그 머리에 씌우고 갈대를 그 오른손에 들리고 그 앞에서 무릎을 꿇고 희롱하여 이르되 유대인의 왕이여 평안할지어다 하며 그에게 침 뱉고 갈대를 빼앗아 그의 머리를 치더라 희롱을 다 한 후 홍포를 벗기고 도로 그의 옷을 입혀 십자가에 못 박으려고 끌고 나가니라 **마태복음 27:27-31**

예수님은 죄질이 가장 안 좋은 범죄자들이 처형되는 방식으로 죽임을 당하셨습니다. 바로 십자가형으로 말입니다. 십자가형은 아주 모욕적이며 추한, 끔찍하면서도 공개적인 처형 방식이었습니다.

예수님이 잡히실 때 제자들은 도망쳤고, 그중 하나는 은 30냥에 예수님을 대제사장에게 팔아넘겼습니다. 어떤 제자는 상황이 심각해지자 예수님을 전혀 알지 못한다며 부인했습니다. 예수님은 불공평한 재판에서 유죄 판결을 받으셨습니다. 심한 매질도 당하셨습니다. 사람들은 예수님을 조롱하며 비웃었습니다. "십자가에 못 박혀야 하겠나이다", "그 피를 우리와 우리 자손에게 돌릴지어다"(마태복음 27:22,25)라고 소리치며 그분의 죽음을 요구했습니다. 그렇게 예수님은 모두가 볼 수 있는 십자가 위에서, 두 명의 범죄자 사이에서 죽임을 당하셨습니다.

예수님은 제자들에게 다가올 죽음과 부활에 대해 세 차례나 말씀하셨습니다. 그러나 그들은 그 말의 의미를 이해하지 못했습니다. 왜냐하면 예수님이 세우실 나라가 보좌와 군대, 열방을 무찌르고 약탈하는 다른 지구상의 왕국과 같을 것이라고 생각했기 때문입니다. 그들은 예수님의 말씀에 불신과 슬픔, 또는 권력에 대한 욕망으로 반응했습니다. 제자들은 자신들이 생각한 대로 승리가 올 것이라고 확신했기에 예수님의 말씀을 등한시했습니다. 하지만 제자들이 기대했던 세속적 영광의 모습과 달리, 예수님은 끔찍한 죽음을 당하셨습니다. 그들은 예수님의 모든 말씀과 행동에 의문을 가지게 되었습니다. 두려웠습니다. 자신들은 살기 위해 도망쳤습니다.

예수님은 우리를 위하여 십자가에서 고통당하셨습니다. 그분은 완벽한 희생 제물이 되시기 위해 지상에서의 모든 통치권과 안락함을 내려 놓으셨습니다. 예수님은 우리와 잠시 잠깐이 아닌 영원한 관계를 맺기 원하셨기 때문입니다. 예수님의 죽음은 우리 죄를 대신 짊어지신 그분의 사랑이었습니다. 또한 우리가 따라야 할 본이기도 합니다. 모욕과 부당한 고발에도 불구하고 예수님은 보복하지 않으셨습니다. 대신 유일하고 공정한 심판자이신 하나님 아버지께 자신을 의탁하셨습니다. 죽으시고 부활하심으로 사망과 사탄의 권세를 깨뜨리신 예수님은 우리를 죄에서 자유하게 하시고 하나님과 참된 생명을 누리게 하셨습니다. 이 이야기는 예수님의 죽음으로 끝나지 않습니다! "고난을 당하고 난 뒤에, 그는 생명의 빛을 보고 만족할 것이다"(새번역, 이사야 53:11).

📖 마태복음 26-27장을 읽고 다음 질문에 답하세요.

> [56]그러나 이렇게 된 것은 다 선지자들의 글을 이루려 함이니라 하시더라 이에 제자들이 다 예수를 버리고 도망하니라 … [69]베드로가 바깥 뜰에 앉았더니 한 여종이 나아와 이르되 너도 갈릴리 사람 예수와 함께 있었도다 하거늘 [70]베드로가 모든 사람 앞에서 부인하여 이르되 나는 네가 무슨 말을 하는지 알지 못하겠노라 하며 [71]앞문까지 나아가니 다른 여종이 그를 보고 거기 있는 사람들에게 말하되 이 사람은 나사렛 예수와 함께 있었도다 하매 [72]베드로가 맹세하고 또 부인하여 이르되 나는 그 사람을 알지 못하노라 하더라 [73]조금 후에 곁에 섰던 사람들이 나아와 베드로에게 이르되 너도 진실로 그 도당이라 네 말소리가 너를 표명한다 하거늘 [74]그가 저주하며 맹세하여 이르되 나는 그 사람을 알지 못하노

라 하니 곧 닭이 울더라 ⁷⁵이에 베드로가 예수의 말씀에 닭 울기 전에 네가 세 번 나를 부인하리라 하심이 생각나서 밖에 나가서 심히 통곡하니라

⁴⁶제구시쯤에 예수께서 크게 소리 질러 이르시되 엘리 엘리 라마 사박다니 하시니 이는 곧 나의 하나님, 나의 하나님, 어찌하여 나를 버리셨나이까 하는 뜻이라 ⁴⁷거기 섰던 자 중 어떤 이들이 듣고 이르되 이 사람이 엘리야를 부른다 하고 ⁴⁸그 중의 한 사람이 곧 달려가서 해면을 가져다가 신 포도주에 적시어 갈대에 꿰어 마시게 하거늘 ⁴⁹그 남은 사람들이 이르되 가만 두라 엘리야가 와서 그를 구원하나 보자 하더라 ⁵⁰예수께서 다시 크게 소리 지르시고 영혼이 떠나시니 ⁵¹이에 성소 휘장이 위로부터 아래까지 찢어져 둘이 되고 땅이 진동하며 바위가 터지고 ⁵²무덤들이 열리며 자던 성도의 몸이 많이 일어나되 ⁵³예수의 부활 후에 그들이 무덤에서 나와서 거룩한 성에 들어가 많은 사람에게 보이니라 ⁵⁴백부장과 및 함께 예수를 지키던 자들이 지진과 그 일어난 일들을 보고 심히 두려워하여 이르되 이는 진실로 하나님의 아들이었도다 하더라

Q1 제자들은 예수님이 체포당하실 때 어떻게 반응했나요?

(마태복음 26:56)

Q2 제자들은 왜 죽음과 부활에 대한 예수님의 말씀을 받아들이기 힘들었을까요?

Q3 예수님이 십자가에 달려 돌아가시는 이 말씀을 읽으면서 무엇을 느꼈나요? 당신에게 가장 큰 영향을 끼친 것은 무엇인가요?

Q4 예수를 지키던 자들이 예수님을 하나님의 아들이라고 확신하게 된 이유는 무엇인가요?(마태복음 27:54)

📖 오늘은 베드로전서 2장 21-25절 말씀으로 기도드립니다.

^{21}이를 위하여 너희가 부르심을 받았으니 그리스도도 너희를 위하여 고난을 받으사 너희에게 본을 끼쳐 그 자취를 따라오게 하려 하셨느니라 ^{22}그는 죄를 범하지 아니하시고 그 입에 거짓도 없으시며 ^{23}욕을 당하시되 맞대어 욕하지 아니하시고 고난을 당하시되 위협하지 아니하시고 오직 공의로 심판하시는 이에게 부탁하시며 ^{24}친히 나무에 달려 그 몸으로 우리 죄를 담당하셨으니 이는 우리로 죄에 대하여 죽고 의에 대하여 살게 하심이라 그가 채찍에 맞음으로 너희는 나음을 얻었나니 ^{25}너희가 전에는 양과 같이 길을 잃었더니 이제는 너희 영혼의 목자와 감독 되신 이에게 돌아왔느니라

죄인인 저를 대신하여 고통 당하신 예수님. 주님은 언제나 하나님 아버지께 당신 자신을 의탁하셨습니다. 제가 죄에 대하여 죽고 의에 대하여 살 수 있도록 십자가에서 제 죄를 짊어지셨습니다. 주님이 채찍에 맞으심으로 제가 나음을 입었습니다. 주님의 백성인 저를 견고하게 하시고 이끌어 주세요. 예수님의 이름으로 기도드립니다. 아멘.

DAY 15
예수님의 부활

> 안식일이 다 지나고 안식 후 첫날이 되려는 새벽에 막달라 마리아와 다른 마리아가 무덤을 보려고 갔더니 … 천사가 여자들에게 말하여 이르되 너희는 무서워하지 말라 십자가에 못 박히신 예수를 너희가 찾는 줄을 내가 아노라 그가 여기 계시지 않고 그가 말씀 하시던 대로 살아나셨느니라 와서 그가 누우셨던 곳을 보라 또 빨리 가서 그의 제자들에게 이르되 그가 죽은 자 가운데서 살아나셨고 너희보다 먼저 갈릴리로 가시나니 거기서 너희가 뵈오리라 하라 보라 내가 너희에게 일렀느니라 하거늘 그 여자들이 무서움과 큰 기쁨으로 빨리 무덤을 떠나 제자들에게 알리려고 달음질할새 예수께서 그들을 만나 이르시되 평안하냐 하시거늘 여자들이 나아가 그 발을 붙잡고 경배하니
> **마태복음 28:1,5-9**

　예수님의 죽음 이후 제자들은 충격과 두려움에 휩싸였습니다. 슬픔과 두려움이 그들의 삶을 흔들어 놓았습니다. 그들은 공포에 질려 문을 잠그고 비밀스레 모여 자신들도 처형 당하게 되지 않을까 두려워했습니다. 대다수는 실망에 빠져 "우리는 이 사람이 이스라엘을 속량할 자라고 바랐노라"(누가복음 24:21)고 말했습니다. 심지어 몇몇은 마치 예수님의 생애와 사역 자체가 없었던 것처럼 예전의 생활로 돌아가 버렸습니다. 제자들은 비통

해 하며 이 모든 일을 어떻게 이해해야 할지 몰라 고민했습니다.

예수님은 십자가에 달려 돌아가시고 사흘 만에 죽은 자 가운데서 살아나셨습니다. 부활하신 예수님은 슬픔과 환멸에 빠진 제자들을 찾아가 그들을 격려하고 위로하셨습니다. 평안을 전하며 두려워하지 말라고 말씀하셨습니다. 그리고 다시 한 번 성경에 나온 자신의 죽음과 부활에 대하여 설명해 주셨습니다. 그제야 제자들은 부활하신 예수님의 말씀을 믿었습니다. 예수님은 모든 민족을 제자 삼아 복음을 선포하고 그분의 계명을 가르쳐 지키게 하라고 명하시며 제자들을 파송하셨습니다.

사망은 주께 아무런 권세도 가지지 못합니다. 죽은 자 가운데서 살아나신 예수님은 사망을 이기셨습니다. 하나님과 사탄은 결코 동등한 존재가 아닙니다. 선과 악은 결코 동등하지 않습니다. 사람들의 힘이 더 강해서 예수님이 십자가에 못 박히신 것이 아닙니다. 예수님이 우리를 위해 죽음을 선택하신 것입니다. 처음에는 사망이 승리한 것처럼 보였지만 하나님의 구원 계획은 여전히 진행 중이었습니다. 악몽은 끝났습니다. 예수님께서 다시 살아나셨습니다! 예수님이 언제나 옳으십니다. "사망을 삼키고 이기리라고 기록된 말씀이 이루어지리라 사망아 너의 승리가 어디 있느냐 사망아 네가 쏘는 것이 어디 있느냐"(고린도전서 15:54-55).

📖 요한복음 20장을 읽고 다음 질문에 답하세요.

[19]이 날 곧 안식 후 첫날 저녁 때에 제자들이 유대인들을 두려워하여 모인 곳의 문들을 닫았더니 예수께서 오사 가운데 서서 이르시되 너희에게 평강이 있을지어다 [20]이 말씀을 하시고 손과 옆구리를 보이시니 제자들이 주를 보고 기뻐하더라 … [27]도마에게 이르시되 네 손가락을 이리 내밀어 내 손을 보고 네 손을 내밀어 내 옆구리에 넣어 보라 그리하여 믿음 없는 자가 되지 말고 믿는 자가 되라 [28]도마가 대답하여 이르되 나의 주님이시요 나의 하나님이시니이다 [29]예수께서 이르시되 너는 나를 본 고로 믿느냐 보지 못하고 믿는 자들은 복되도다 하시니라

Q1 제자들은 부활하신 예수님을 만나기 전까지 어떠했나요? 그러나 예수님을 본 후에는 어떻게 변화되었나요?(요한복음 20:19-20)

Q2 당신에게 요한복음 20장 29절 말씀은 어떤 의미가 있나요?

Q3 예수님의 부활이 왜 중요한가요? 예수님은 부활을 통해 무엇을 성취하셨나요?

Q4 당신은 예수님이 사망을 이기시고 다시 살아나셨음을 믿나요? 그렇다면 그 사실이 당신의 삶과 당신의 모든 행동과 결정에 어떤 영향을 미쳐야 할까요?

📖 오늘은 고린도전서 15장 55-57절 말씀으로 기도드립니다.

⁵⁵사망아 너의 승리가 어디 있느냐 사망아 네가 쏘는 것이 어디 있느냐 ⁵⁶사망이 쏘는 것은 죄요 죄의 권능은 율법이라 ⁵⁷우리 주 예수 그리스도로 말미암아 우리에게 승리를 주시는 하나님께 감사하노니

사망을 이기신 승리의 주님, 주님은 죄와 사망을 이기셨습니다. 십자가에 달려 돌아가시고 부활하심으로써 제 모든 죄를 용서해 주셨습니다. 제게 영원한 생명을 주셔서 감사드립니다. 제가 주님의 사랑과 평안, 기쁨 안에서 자라갈 수 있도록 인도해 주세요. 예수님의 이름으로 기도드립니다. 아멘.

DAY 16

예수님의 승천

이 말씀을 마치시고 그들이 보는데 올려져 가시니 구름이 그를 가리어 보이지 않게 하더라 올라가실 때에 제자들이 자세히 하늘을 쳐다보고 있는데 흰 옷 입은 두 사람이 그들 곁에 서서 이르되 갈릴리 사람들아 어찌하여 서서 하늘을 쳐다보느냐 너희 가운데서 하늘로 올려지신 이 예수는 하늘로 가심을 본 그대로 오시리라 하였느니라 **사도행전 1:9-11**

제자들을 놀라게 한 또 하나의 반전은 부활하신 예수님이 이 땅에 계속해서 머물러 있지 않으셨다는 것입니다. 물론 제자들만 홀로 버려두고 가신 것이 아닙니다! 예수님은 제자들에게 성령이 오셔서 그들과 함께 하실 것과 그들의 삶 전반에 하나님의 권능이 부어질 것을 약속하셨습니다. 그러고 나서 하늘로 오르사 하나님의 오른편 보좌에 앉으셨습니다. 예수님의 승천을 통해 우리 역시 천국에 속하였다는 확실한 약속을 가질 수 있습니다. 지금 우리는 그리스도로 말미암아 영적 통치를 하고 있지만, 언젠가는 그분과 함께 온전히 통치하게 될 것입니다! 하나님 나라는 영원히 없어지지 않는 나라입니다. 그 어떤 나라나 권세도 그리스도와 경쟁할 수 없습니다. 우리는 바로 그분과 함께 다스리게 될 것입니다!

그리스도와 공동 상속자인 우리는 예수님의 고난과 부활, 그리고 복음을 전하라는 부름을 받았습니다. 하나님 나라는 저 하늘 너머 어딘가에 있는 것이 아닙니다. "어찌하여 서서 하늘을 쳐다보느냐"(사도행전 1:11). 하나님 나라는 성령으로 믿는 자 가운데 이미 임했습니다. "또 만물을 그의 발 아래에 복종하게 하시고 그를 만물 위에 교회의 머리로 삼으셨느니라 교회는 그의 몸이니 만물 안에서 만물을 충만하게 하시는 이의 충만함이니라"(에베소서 1:22-23).

우리는 예수님을 믿음으로 하나님 나라의 권세와 왕권을 받았습니다. 그러므로 그러한 사람답게 살아가야 합니다. "지극히 높으신 이의 성도들이 나라를 얻으리니 그 누림이 영원하고 영원하고 영원하리라"(다니엘 7:18).

📖 누가복음 24장 44-53절을 읽고 다음 질문에 답하세요.

44또 이르시되 내가 너희와 함께 있을 때에 너희에게 말한 바 곧 모세의 율법과 선지자의 글과 시편에 나를 가리켜 기록된 모든 것이 이루어져야 하리라 한 말이 이것이라 하시고 45이에 그들의 마음을 열어 성경을 깨닫게 하시고 46또 이르시되 이같이 그리스도가 고난을 받고 제삼일에 죽은 자 가운데서 살아날 것과 47또 그의 이름으로 죄 사함을 받게 하는 회개가 예루살렘에서 시작하여 모든 족속에게 전파될 것이 기록되었으니 ⁴⁸너희는 이 모든 일의 증인이라 ⁴⁹볼지어다 내가 내 아버지께서 약속하신 것을 너희에게 보내리니 너희는 위로부터 능력으로 입혀질 때까지 이 성에 머물라 하시니라 ⁵⁰예수께서 그들을 데리고 베다니 앞까지 나가사 손을 들어 그들에게 축복하시더니 ⁵¹축복하실 때에 그들을 떠나 〔하늘로 올려지시니〕 ⁵²그들이 〔그에게 경배하고〕 큰 기쁨으로 예루살렘에 돌아가 ⁵³늘 성전에서 하나님을 찬송하니라

Q1 읽은 말씀 중에 이해하기 어려운 구절이 있었나요? 그렇다면 누가복음 24장 45절을 읽어보세요. 이 말씀이 어떻게 도움이 되나요?

Q2 예수님의 말씀에 따르면, 성경은 메시아(구세주)에 대해 어떻게 말하고 있나요?

Q3 예수님은 승천하시기 전에 무엇을 하셨나요?

Q4 승천하신 예수님을 본 제자들은 어떻게 반응했나요?

📖 오늘은 시편 47편 5-9절 말씀으로 기도드립니다.

⁵하나님께서 즐거운 함성 중에 올라가심이여 여호와께서 나팔 소리 중에 올라가시도다 ⁶찬송하라 하나님을 찬송하라 찬송하라 우리 왕을 찬송하라 ⁷하나님은 온 땅의 왕이심이라 지혜의 시로 찬송할지어다 ⁸하나님이 뭇 백성을 다스리시며 하나님이 그의 거룩한 보좌에 앉으셨도다 ⁹뭇 나라의 고관들이 모임이여 아브라함의 하나님의 백성이 되도다 세상의 모든 방패는 하나님의 것임이여 그는 높임을 받으시리로다

왕이신 예수님, 주님은 즐거운 함성 가운데 승천하셨습니다! 주님은 온 나라를 통치하시는 분입니다. 하늘과 땅의 왕이신 주님, 말씀과 성령으로 제 마음과 생각을 다스려 주시고, 하늘나라에서 주님과 영원토록 함께 거하게 해 주세요. 예수님의 이름으로 기도드립니다. 아멘.

| 이사야 | 41:10 |

두려워하지 말라 내가 너와 함께 함이라 놀라지 말라 나는 네 하나님이 됨이라 내가 너를 굳세게 하리라 참으로 너를 도와주리라 참으로 나의 의로운 오른 손으로 너를 붙들리라

So do not fear, for I am with you; do not be dismayed, for I am your God. I will strengthen you and help you; I will uphold you with my righteous right hand.

Isaiah

성령의 임하심

하나님이 말씀하시기를 말세에 내가 내 영을 모든 육체에 부어 주리니 너희의 자녀들은 예언할 것이요 너희의 젊은이들은 환상을 보고 너희의 늙은이들은 꿈을 꾸리라 그 때에 내가 내 영을 내 남종과 여종들에게 부어 주리니 그들이 예언할 것이요

사도행전 2:17-18

예수님은 그분의 백성들과 항상 함께 하겠다고 약속하셨습니다. 그 함께 하심의 증거가 바로 '성령'입니다. 성령님은 제자들이 세상을 향해 예수님을 증거할 수 있도록 지혜와 용기를 주셨습니다. 제자들에게는 확실히 용기가 필요했습니다. 처음에 그들은 십자가의 길을 가신 예수님을 저버렸으니까요. 그때 그들은 공포에 질려 혼란스러워 했으니까요. 하지만 이제 상황이 완전히 바뀌었습니다. "오직 성령이 너희에게 임하시면 너희가 권능을 받고 예루살렘과 온 유대와 사마리아와 땅 끝까지 이르러 내 증인이 되리라"(사도행전 1:8). 성령님은 오직 제자들만을 위해 오신 것이 아닙니다. 그분은 지금 우리와 함께 하십니다! 우리가 세상에서 사명을 감당할 수 있도록 진리를 가르쳐 주시고 용기와 능력을 주십니다. 우리 안에 거하시고 우리를 하나님께

로 이끄십니다.

사도행전은 예수님의 승천 후 초대교회가 어떻게 시작되었는지를 잘 보여 주는 책입니다. 당시 제자들은 두려움 없이 권능으로 복음을 전했고, 그들의 설교를 통해 한번에 수천 명씩 주께 돌아오기도 했습니다. 뿐만 아니라 제자들은 아픈 사람을 고치고 귀신을 쫓아냈습니다. 심지어 죽은 자를 살리기도 했습니다. 또한 죽기까지 핍박을 받고 분열을 겪기도 했습니다. 성령님은 이 모든 상황 속에서 그들을 권면하시며 힘주시고 무장시키셨습니다.

예수님은 죽으심과 부활하심으로 죄와 사망을 이기셨습니다. 그리고 반드시 이 세상에 다시 오셔서 심판하실 것입니다. 모든 것을 바로잡아 온전히 회복시키실 것입니다. 우리는 이 '중간 시대'에서 여전히 죄를 짓고 갈등하며 살고 있지만, 영원히 이런 상태에 머물러 있지 않을 것이라는 소망이 있습니다. 우리는 죄를 용서받은 사람들입니다! 또한 힘과 지혜와 용기를 주시는 성령님이 우리와 함께 하십니다.

예수님은 우리에게 사명을 주셨습니다. 그것은 바로 복음을 온 세상에 전하는 것입니다! 신약 성경은 교회와 예수님을 따르는 사람들이 이 중간 시대를 어떻게 살아가야 하는지를 알려 주는 이야기로 가득합니다. 이 이야기는 우리의 삶에 큰 의미가 있음을 상기시켜 줍니다. "주는 영이시니 주의 영이 계신 곳에는 자유함이 있느니라 우리가 다 수건을 벗은 얼굴로 거울을 보는 것 같이 주의 영광을 보매 그와 같은 형상으로 변화하여 영광에서 영광에 이르니 곧 주의 영으로 말미암음이니라"(고린도후서 3:17-18).

📖 사도행전 2장을 읽고 다음 질문에 답하세요.

^{1}오순절 날이 이미 이르매 그들이 다같이 한 곳에 모였더니 ^{2}홀연히 하늘로부터 급하고 강한 바람 같은 소리가 있어 그들이 앉은 온 집에 가득하며 ^{3}마치 불의 혀처럼 갈라지는 것들이 그들에게 보여 각 사람 위에 하나씩 임하여 있더니 ^{4}그들이 다 성령의 충만함을 받고 성령이 말하게 하심을 따라 다른 언어들로 말하기를 시작하니라 ^{5}그 때에 경건한 유대인들이 천하 각국으로부터 와서 예루살렘에 머물러 있더니 ^{6}이 소리가 나매 큰 무리가 모여 각각 자기의 방언으로 제자들이 말하는 것을 듣고 소동하여 ^{7}다 놀라 신기하게 여겨 이르되 보라 이 말하는 사람들이 다 갈릴리 사람이 아니냐 ^{8}우리가 우리 각 사람이 난 곳 방언으로 듣게 되는 것이 어찌 됨이냐 ^{9}우리는 바대인과 메대인과 엘람인과 또 메소보다미아, 유대와 갑바도기아, 본도와 아시아, ^{10}브루기아와 밤빌리아, 애굽 및 구레네에 가까운 리비야 여러 지방에 사는 사람들과 로마로부터 온 나그네 곧 유대인과 유대교에 들어온 사람들과 ^{11}그레데인과 아라비아인들이라 우리

가 다 우리의 각 언어로 하나님의 큰 일을 말함을 듣는도다 하고 ¹²다 놀라며 당황하여 서로 이르되 이 어찌 된 일이냐 하며 ¹³또 어떤 이들은 조롱하여 이르되 그들이 새 술에 취하였다 하더라 ¹⁴베드로가 열한 사도와 함께 서서 소리를 높여 이르되 유대인들과 예루살렘에 사는 모든 사람들아 이 일을 너희로 알게 할 것이니 내 말에 귀를 기울이라 ¹⁵때가 제 삼 시니 너희 생각과 같이 이 사람들이 취한 것이 아니라 ¹⁶이는 곧 선지자 요엘을 통하여 말씀하신 것이니 일렀으되 ¹⁷하나님이 말씀하시기를 말세에 내가 내 영을 모든 육체에 부어 주리니 너희의 자녀들은 예언할 것이요 너희의 젊은이들은 환상을 보고 너희의 늙은이들은 꿈을 꾸리라 ¹⁸그 때에 내가 내 영을 내 남종과 여종들에게 부어 주리니 그들이 예언할 것이요 … ⁴²그들이 사도의 가르침을 받아 서로 교제하고 떡을 떼며 오로지 기도하기를 힘쓰니라 ⁴³사람마다 두려워하는데 사도들로 말미암아 기사와 표적이 많이 나타나니 ⁴⁴믿는 사람이 다 함께 있어 모든 물건을 서로 통용하고 ⁴⁵또 재산과 소유를 팔아 각 사람의 필요를 따라 나눠 주며 ⁴⁶날마다 마음을 같이하여 성전에 모이기를 힘쓰고 집에서 떡을 떼며 기쁨과 순전한 마음으로 음식을 먹고 ⁴⁷하나님을 찬미하며 또 온 백성에게 칭송을 받으니 주께서 구원 받는 사람을 날마다 더하게 하시니라

Q1 제자들은 왜 새 술에 취했다는 조롱을 받았나요?

Q2 당신은 자신의 뜻에 동의하지 않는 사람들에게 어떻게 반응하나요?

Q3 초대교회는 어떤 일들을 하였나요?(사도행전 2:42-47)

Q4 하나님은 초대교회의 순종에 어떻게 응답해 주셨나요?
(사도행전 2:47)

📖 오늘은 시편 16편 8-11절 말씀으로 기도드립니다.

⁸내가 여호와를 항상 내 앞에 모심이여 그가 나의 오른쪽에 계시므로 내가 흔들리지 아니하리로다 ⁹이러므로 나의 마음이 기쁘고 나의 영도 즐거워하며 내 육체도 안전히 살리니 ¹⁰이는 주께서 내 영혼을 스올에 버리지 아니하시며 주의 거룩한 자를 멸망시키지 않으실 것임이니이다 ¹¹주께서 생명의 길을 내게 보이시리니 주의 앞에는 충만한 기쁨이 있고 주의 오른쪽에는 영원한 즐거움이 있나이다

생명의 주님, 주님이 항상 제 오른편에 계시므로 저는 흔들리지 않습니다. 제 마음은 항상 기쁘고 제 영도 즐거워하며 노래합니다. 예수님은 죽음에서 부활하심으로 제게 자유와 생명을 주셨습니다. 주님, 성령의 권능으로 제게 생명의 길을 알려 주시고 주님의 임재 가운데 저를 기쁨으로 채워 주세요. 예수님의 이름으로 기도드립니다. 아멘.

DAY 18

다시 오실 예수님

> 그 때에 인자의 징조가 하늘에서 보이겠고 그 때에 땅의 모든 족속들이 통곡하며 그들이 인자가 구름을 타고 능력과 큰 영광으로 오는 것을 보리라 그가 큰 나팔소리와 함께 천사들을 보내리니 그들이 그의 택하신 자들을 하늘 이 끝에서 저 끝까지 사방에서 모으리라
> 마태복음 24:30-31

예수님은 이 땅에 다시 오리라 약속하셨습니다. 그때 제자들은 예수님의 말씀을 또다시 자신들의 생각대로 해석해 주님이 곧 이 땅에 돌아오실 것이라고 기대했습니다. 그러나 그 일이 일어나지 않자, 몇몇 제자들은 예수님의 다시 오심을 의심하기 시작했습니다. 하지만 예수님은 '언제' 오시겠다고 말씀하지 않으셨습니다. 하늘 아버지 외에는 아무도 그 때를 알 수 없다고 하셨습니다. 그러니 그 때를 늘 준비하고 있으라고 말씀하셨습니다. "그러므로 깨어 있으라 어느 날에 너희 주가 임할는지 너희가 알지 못함이니라 … 이러므로 너희도 준비하고 있으라 생각하지 않은 때에 인자가 오리라"(마태복음 24:42,44).

하나님은 그분의 백성을 결코 잊지 않으십니다! 하나님의

타이밍에는 그분의 뜻이 담겨 있습니다. 하나님이 예수님의 재림을 늦추시는 이유는 그분의 자비하심 때문입니다. "주의 약속은 어떤 이들이 더디다고 생각하는 것 같이 더딘 것이 아니라 오직 주께서는 너희를 대하여 오래 참으사 아무도 멸망하지 아니하고 다 회개하기에 이르기를 원하시느니라"(베드로후서 3:9). 하나님은 모든 사람이 그분께 돌아오기를 원하시며 그럴 수 있도록 그들에게 수많은 시간과 기회를 주십니다.

예수님께서 다시 오겠다고 말씀하셨습니다. 예수님의 재림은 죄와 질병, 슬픔의 종말을 가져올 것입니다. 궁극적이고 영원한 승리가 이뤄질 것입니다. 주님은 그날에 우리가 준비되어 있기를 원하십니다. 우리가 이 땅에서 받은 사명을 이루기를 원하십니다. 우리는 단지 일시적인 행복을 위해 이 땅에 있는 것이 아닙니다. 주님은 우리에게 목적이 있는 의미 있는 삶을 주셨습니다. 그것은 주님의 말씀을 순종함으로 그분을 따르고 그분의 사랑을 전하는 것입니다. "이 모든 것이 이렇게 풀어지리니 너희가 어떠한 사람이 되어야 마땅하냐 거룩한 행실과 경건함으로 하나님의 날이 임하기를 바라보고 간절히 사모하라"(베드로후서 3:11-12). 하나님께서는 우리가 그 날을 사모하며 기다리는 자가 되기를, 그분께 충성된 자가 되기를 원하십니다.

📖 마태복음 24장을 읽고 다음 질문에 답하세요.

³예수께서 감람 산 위에 앉으셨을 때에 제자들이 조용히 와서 이르되 우리에게 이르소서 어느 때에 이런 일이 있겠사오며 또 주의 임하심과 세상 끝에는 무슨 징조가 있사오리이까 ⁴예수께서 대답하여 이르시되 너희가 사람의 미혹을 받지 않도록 주의하라 ⁵많은 사람이 내 이름으로 와서 이르되 나는 그리스도라 하여 많은 사람을 미혹하리라 ⁶난리와 난리 소문을 듣겠으나 너희는 삼가 두려워하지 말라 이런 일이 있어야 하되 아직 끝은 아니니라 ⁷민족이 민족을, 나라가 나라를 대적하여 일어나겠고 곳곳에 기근과 지진이 있으리니 ⁸이 모든 것은 재난의 시작이니라 ⁹그 때에 사람들이 너희를 환난에 넘겨 주겠으며 너희를 죽이리니 너희가 내 이름 때문에 모든 민족에게 미움을 받으리라 ¹⁰그 때에 많은 사람이 실족하게 되어 서로 잡아 주고 서로 미워하겠으며 ¹¹거짓 선지자가 많이 일어나 많은 사람을 미혹하겠으며 ¹²불법이 성하므로 많은 사람의 사랑이 식어지리라 ¹³그러나 끝까지 견디는 자는 구원을 얻으리라 … ³⁵천지는 없어질지언정 내 말은 없어지지 아니하리라 ³⁶그러나 그 날과 그 때는 아무도 모르나니 하늘의 천사들도, 아들도 모르고 오직 아버지만 아시느니라 … ⁴²그러므로 깨어 있으라 어느 날에 너희 주가 임할는지 너희가 알지 못함이니라

Q1 예수님의 재림에 대해 아는 것이 왜 중요한가요?(마태복음 24:3-13)

Q2 그 날을 두려워할 필요가 없는 이유는 무엇인가요?(마태복음 24:35)

Q3 특정한 날에 종말이 올 것이라고 하는 사람들이 종종 있습니다. 이제 그들의 말에 어떻게 반응해야 할까요?(마태복음 24:36)

Q4 당신은 "깨어 있으라"는 주님의 말씀을 얼마나 진지하게 받아들이고 있나요?(마태복음 24:42)

📖 오늘은 요한복음 14장 1-3절 말씀으로 기도드립니다.

¹너희는 마음에 근심하지 말라 하나님을 믿으니 또 나를 믿으라 ²내 아버지 집에 거할 곳이 많도다 그렇지 않으면 너희에게 일렀으리라 내가 너희를 위하여 거처를 예비하러 가노니 ³가서 너희를 위하여 거처를 예비하면 내가 다시 와서 너희를 내게로 영접하여 나 있는 곳에 너희도 있게 하리라

하늘에 계신 아버지, 세상 일들이 제가 주님께 집중하지 못하도록 만들고 저를 두렵게 합니다. 때론 미래에 대한 불확실함으로 인해 불안한 마음이 들기도 합니다. 하지만 아버지의 말씀은 확실하며 주님의 승리 또한 확실합니다. 주님은 저를 위하여 거처를 천국에 예비하고 계시며, 다시 오셔서 저를 그곳에 데려가겠다고 약속하셨습니다. 제게 그 약속에 대한 믿음을 허락해 주세요. 또한 주님을 전할 수 있도록 용기를 주세요. 예수님의 이름으로 기도드립니다. 아멘.

DAY 19

천국

> 모든 눈물을 그 눈에서 닦아 주시니 다시는 사망이 없고 애통하는 것이나 곡하는 것이나 아픈 것이 다시 있지 아니하리니 처음 것들이 다 지나갔음이러라 보좌에 앉으신 이가 이르시되 보라 내가 만물을 새롭게 하노라 하시고 또 이르시되 이 말은 신실하고 참되니 기록하라 하시고 **요한계시록 21:4-5**

    우리는 하나님이 지으신 산에 오르기도 하고, 그곳에서 스키를 타기도 합니다. 또한 그분이 창조하신 바다에서 서핑과 스노클링을 즐기기도 합니다. 하나님은 우리를 숙련되게 일하고 배우는 존재로, 사랑을 하는 존재로, 호기심을 가진 존재로, 서로간의 관계를 즐기며 무엇보다 하나님과의 관계를 즐기는 존재로 창조하셨습니다. 그분은 우리를 창의적이고 모험적이며 특별한 존재로 지으셨습니다.

    하나님이 준비하신 천국은 모든 면에서 이 땅보다 더 나은 곳입니다. 그곳은 우리의 모든 소망과 기대를 넘어서는 곳입니다. 이 지구상에서 가장 최상의 것을 상상해 보세요. 좋은 향기, 맛, 광경, 취미, 장소들…. 이 모든 것은 천국의 그림자에 불과합니다. 당신이 꿈꾸는 직장, 가장 친밀한 관계, 이상적인 가정, 이 모든 것 또한 하나님이 우리를 위해 예비하신 것과 비교할 수 없습니다.

당신은 천국을 구름 위를 둥둥 떠다니며 하프를 연주하고 영원토록 빈둥거리는 곳이라 생각하나요? 아닙니다. 우리는 그곳에서 하나님과 또 서로 서로 간에 완벽한 관계를 맺게 될 것입니다. 숨길 것도, 부끄러워 할 것도 전혀 없을 것입니다. 소외되는 일도 없을 것입니다. 우리는 의미 있는 삶을 살고, 의미 있는 일을 할 것입니다. 우리는 그곳에서 우리가 사랑하는 일, 즉 하나님을 영원히 예배할 것입니다. 우리의 모습은 그곳에서 온전해질 것입니다. 그 모습은 지금 이곳의 모습보다 훨씬 더 나은, 진정한 우리 자신의 모습일 것입니다.

요한계시록 21-22장을 읽고 다음 질문에 답하세요.

[1] 또 내가 새 하늘과 새 땅을 보니 처음 하늘과 처음 땅이 없어졌고 바다도 다시 있지 않더라 [2] 또 내가 보매 거룩한 성 새 예루살렘이 하나님께로부터 하늘에서 내려오니 그 준비한 것이 신부가 남편을 위하여 단장한 것 같더라 [3] 내가 들으니 보좌에서 큰 음성이 나서 이르되 보라 하나님의 장막이 사람들과 함께 있으매 하나님이 그들과 함께 계시리니 그들은 하나님의 백성이 되고 하나님은 친히 그들과 함께 계셔서 [4] 모든 눈물을 그 눈에서 닦아 주시니 다시는 사망이 없고 애통하는 것이나 곡하는 것이

나 아픈 것이 다시 있지 아니하리니 처음 것들이 다 지나갔음이러라

¹또 그가 수정 같이 맑은 생명수의 강을 내게 보이니 하나님과 및 어린 양의 보좌로부터 나와서 ²길 가운데로 흐르더라 강 좌우에 생명나무가 있어 열두 가지 열매를 맺되 달마다 그 열매를 맺고 그 나무 잎사귀들은 만국을 치료하기 위하여 있더라 ³다시 저주가 없으며 하나님과 그 어린 양의 보좌가 그 가운데에 있으리니 그의 종들이 그를 섬기며 ⁴그의 얼굴을 볼 터이요 그의 이름도 그들의 이마에 있으리라 ⁵다시 밤이 없겠고 등불과 햇빛이 쓸 데 없으니 이는 주 하나님이 그들에게 비치심이라 그들이 세세토록 왕 노릇 하리로다

Q1 당신이 상상해 온 천국은 어떤 곳이었나요?

Q2 성경 말씀을 읽은 후 천국에 대한 생각이 어떻게 바뀌었나요?

Q3 천국에 존재하지 않는 것은 어떤 것들인가요? (요한계시록 21:4)

Q4 천국에 대하여 당신이 기대하는 것은 무엇인가요?

📖 오늘은 요한복음 14장 1-4절 말씀으로 기도드립니다.

¹너희는 마음에 근심하지 말라 하나님을 믿으니 또 나를 믿으라 ² 내 아버지 집에 거할 곳이 많도다 그렇지 않으면 너희에게 일렀으리라 내가 너희를 위하여 거처를 예비하러 가노니 ³가서 너희를 위하여 거처를 예비하면 내가 다시 와서 너희를 내게로 영접하여 나 있는 곳에 너희도 있게 하리라 ⁴내가 어디로 가는지 그 길을 너희가 아느니라

주님, 저를 위해 하늘나라에 거처를 예비해 주셔서 감사드립니다. 그런데 지금 저는 이 땅에서 일어나는 일들에 얽매여 있습니다. 제가 마음과 생각을 주님께 집중할 수 있도록 도와주세요. 주님을 신뢰하고 주님께 소망을 두고 살아갈 수 있도록 인도해 주세요. 천국을 사모하는 마음으로 오늘 하루를 살아가도록 도와주세요. 예수님의 이름으로 기도드립니다. 아멘.

2부

하나님의 성품에 대한 이야기

DAY 20
놀라우신 하나님

여호와는 위대하시니 크게 찬양할 것이라
그의 위대하심을 측량하지 못하리로다
시편 145:3

연세가 지긋하신 저희 할머니는 평생 동안 성경을 읽으셨습니다. 어느 날 저녁, 저는 할아버지가 성경을 읽고 계실 때 할아버지가 읽으시는 대로 할머니의 입술이 따라 움직이는 것을 보았습니다. 할머니는 말씀을 거의 다 알고 계셨지만 마치 처음 들으시는 것처럼 집중하고 계셨습니다. 나중에 할머니는 제게 이렇게 말씀하셨습니다. "내 인생의 절기마다 각기 다른 여러 말씀을 통해 하나님을 만났단다. 나는 그분에 대해 알아야 할 부분이 여전히 많아. 그래서 그분은 절대로 낡아지는 법이 없으시지." 수십 번 성경을 읽으시고 80년 넘게 예수님을 아셨던 할머니조차도 여전히 하나님에 대해 배우는 중이라고 말씀하셨습니다. 하나님은 늘 성경 말씀과 성령님을 통해 할머니에게 그때에 맞는 말씀을 해 주셨습니다.

성경 전체를 안다 할지라도 하나님에 대해 다 파악했다고 말할 수는 없습니다. 물론 성경 공부를 할 때 모든 답을 알 수도 있고, 노아, 요나, 제자들과 같은 성경 인물을 잘 알고 있을 수도 있습니다. 하지만 여전히 하나님은 당신에게 보여 주실 것이 더 있으십니다! 그분은 당신의 삶에서 말씀하기를 원하십니다. 하나님을 알아갈수록 당신은 놀라운 일들을 경험하게 될 것입니다. 그분은 당신의 생각보다 더 깊고 더 놀라우신 분입니다. 하나님과의 관계 속에서 당신은 언제나 그분에 대해 새롭게 발견할 일이 생길 것입니다.

어느 누구도 하나님에 대한 모든 질문에 전부 답할 수는 없을 것입니다. 그 누구도 정확한 답을 다 알 수 없습니다. 우리는 하나님의 형상대로 지음을 받았지만 유한한 존재이기 때문입니다. 하나님은 무한하시며 우리가 이해할 수 있는 그 어떤 것보다 더 심오하신 분입니다. "이는 내 생각이 너희의 생각과 다르며 내 길은 너희의 길과 다름이니라 여호와의 말씀이니라 이는 하늘이 땅보다 높음 같이 내 길은 너희의 길보다 높으며 내 생각은 너희의 생각보다 높음이니라"(이사야 55:8-9).

인간은 결코 하나님의 모든 것을 이해할 수 없습니다. 그러나 말씀과 기도를 통해 하나님을 구할 때, 그분은 우리의 이해를 넓혀 주실 것입니다. "너는 내게 부르짖으라 내가 네게 응답하겠고 네가 알지 못하는 크고 은밀한 일을 네게 보이리라"(예레미야 33:3).

📖 로마서 11장 33-36절을 읽고 다음 질문에 답하세요.

³³깊도다 하나님의 지혜와 지식의 풍성함이여, 그의 판단은 헤아리지 못할 것이며 그의 길은 찾지 못할 것이로다 ³⁴누가 주의 마음을 알았느냐 누가 그의 모사가 되었느냐 ³⁵누가 주께 먼저 드려서 갚으심을 받겠느냐 ³⁶이는 만물이 주에게서 나오고 주로 말미암고 주에게로 돌아감이라 그에게 영광이 세세에 있을지어다 아멘

Q1 당신은 하나님의 지혜에 대해 무엇을 배웠나요?

Q2 하나님에 대해 아무리 많이 배워도 늘 더 알아야 할 부분들이 남아 있습니다. 이 이유는 무엇인가요?

Q3 당신은 하나님과의 관계가 계속해서 깊어질 것을 어떻게 확신할 수 있나요?

Q4 지금까지 당신이 하나님에 대하여 새롭게 배운 것들은 무엇인가요?

📖 오늘은 골로새서 1장 27절 말씀으로 기도드립니다.

하나님이 그들로 하여금 이 비밀의 영광이 이방인 가운데 얼마나 풍성한지를 알게 하려 하심이라 이 비밀은 너희 안에 계신 그리스도시니 곧 영광의 소망이니라

위대하신 하나님, 주님은 무한하시고 영원하시며 제가 이해할 수 있는 것보다 훨씬 더 크신 분입니다. 성령님을 통해 늘 제게 주님이 어떤 분이신지 알려 주셔서 감사드립니다. 제 평생에 주님과의 관계가 새로운 발견으로 가득할 것이라 생각하니 기쁘고 놀랍습니다. 제 안에 계신 그리스도라는 이 신비에 대한 확신과 지식을, 그리고 영원한 영광의 소망을 허락해 주세요. 예수님의 이름으로 기도드립니다. 아멘.

| 에베소서 | 2:4-5 |

긍휼이 풍성하신 하나님이 우리를 사랑하신 그 큰 사랑을 인하여 허물로 죽은 우리를 그리스도와 함께 살리셨고 (너희는 그 은혜로 구원을 받은 것이라)

But because of his great love for us, God, who is rich in mercy, made us alive with Christ even when we were dead in transgressions--it is by grace you have been saved.

Ephesians

DAY 21

삼위일체 하나님

주 예수 그리스도의 은혜와 하나님의 사랑과
성령의 교통하심이 너희 무리와 함께 있을지어다
고린도후서 13:13

하나님은 인간의 모든 이해를 뛰어넘는 분이시기에 인간의 생각으로 하나님을 헤아리는 것은 어려운 일입니다. 아버지 하나님, 그분의 아들이신 하나님(예수님), 성령 하나님은 모두 온전한 하나님이십니다. 이 의미는 세 분의 신이 있다는 것일까요? 아닙니다. 성경은 오직 한 분 하나님만 계심을 가르치고 있습니다. 그렇다면 아버지, 아들, 성령이 같은 분이라는 것을 뜻하는 것인가요? 아닙니다. 그리스도인으로서 우리는 아버지, 아들, 성령 사이의 구별을 부인하지 않는 차원에서 한 분 하나님을 믿습니다. 이것이 삼위일체의 신비입니다.

아버지와 함께 아들과 성령이 모든 일을 같이 하십니다. 그렇지만 아버지는 일반적으로 창조, 세상을 만드는 사역에 관여하시며 아들이신 예수님은 구속, 우리와 하나님과의 관계를 바로잡는 일에 관여하십니다. 그리고 성령님은 우리가 하나님을 닮아가고 그분 안에서 자라도록 하십니다. 성령님은 우리가 회개하여 용서받을 수 있도록 죄를 깨닫게 하시고 지혜를 주셔서 우리가 주님을 따르도록 해 주십니다.

하나님 아버지는 예수님을 이 땅에 보내셔서 우리의 죄를 그에게 담당시키셨습니다. 예수님은 십자가에 달려 돌아가시고 사흘 만에 부활하셔서 하늘로 올라가셨습니다. 그리고 성령을 보내셨습니다. "내가 아버지께 구하겠으니 그가 또 다른 보혜사를 너희에게 주사 영원토록 너희와 함께 있게 하리니 그는 진리의 영이라 세상은 능히 그를 받지 못하나니 이는 그를 보지도 못하고 알지도 못함이라 그러나 너희는 그를 아나니 그는 너희와 함께 거하심이요 또 너희 속에 계시겠음이라"(요한복음 14:16-17).

성령님은 당신에게 용기를 주시고 하나님의 음성을 들을 수 있도록 도와주십니다. 또한 예수님에 대해 나눌 때 당신이 무슨 말을 해야 할지 알려 주십니다.

📖 마태복음 3장 13-17절과 시편 131편을 읽고 다음 질문에 답하세요.

¹³이 때에 예수께서 갈릴리로부터 요단 강에 이르러 요한에게 세례를 받으려 하시니 ¹⁴요한이 말려 이르되 내가 당신에게서 세례를 받아야 할 터인데 당신이 내게로 오시나이까 ¹⁵예수께서 대답하여 이르시되 이제 허락하라 우리가 이와 같이 하여 모든 의를

이루는 것이 합당하니라 하시니 이에 요한이 허락하는지라 ¹⁶예수께서 세례를 받으시고 곧 물에서 올라오실새 하늘이 열리고 하나님의 성령이 비둘기 같이 내려 자기 위에 임하심을 보시더니 ¹⁷하늘로부터 소리가 있어 말씀하시되 이는 내 사랑하는 아들이요 내 기뻐하는 자라 하시니라

¹여호와여 내 마음이 교만하지 아니하고 내 눈이 오만하지 아니하오며 내가 큰 일과 감당하지 못할 놀라운 일을 하려고 힘쓰지 아니하나이다 ²실로 내가 내 영혼으로 고요하고 평온하게 하기를 젖 뗀 아이가 그의 어머니 품에 있음 같게 하였나니 내 영혼이 젖 뗀 아이와 같도다 ³이스라엘아 지금부터 영원까지 여호와를 바랄지어다

Q1 마태복음 3장 16-17절을 보면 삼위일체가 각각 어떻게 나타나나요?

Q2 시편 기자는 모든 것을 다 이해할 수 없음에도 불구하고 어떻게 평안을 찾을 수 있었나요?

Q3 아버지 하나님, 아들 하나님, 성령 하나님 사이의 차이점은 무엇인가요?

Q4 우리는 어떻게 아버지 하나님, 아들 하나님, 성령 하나님의 하나 됨을 볼 수 있나요?

📖 오늘은 로마서 1장 1-4절 말씀으로 기도드립니다.

¹예수 그리스도의 종 바울은 사도로 부르심을 받아 하나님의 복음을 위하여 택정함을 입었으니 ²이 복음은 하나님이 선지자들을 통하여 그의 아들에 관하여 성경에 미리 약속하신 것이라 ³그의 아들에 관하여 말하면 육신으로는 다윗의 혈통에서 나셨고 ⁴성결의 영으로는 죽은 자들 가운데서 부활하사 능력으로 하나님의 아들로 선포되셨으니 곧 우리 주 예수 그리스도시니라

하나님, 저를 창조해 주시고 사랑의 아버지가 되어 주셔서 감사드립니다. 예수님, 저를 구원해 주시고 제 삶을 인도해 주셔서 감사드립니다. 성령님, 제 안에 계시며 저를 인도해 주셔서 감사드립니다. 하나님, 예수님, 성령님의 하나 됨을 인하여 주님을 찬양합니다. 예수님의 이름으로 기도드립니다. 아멘.

유일하신 하나님

> 나 여호와가 말하노라 너희는 나의 증인, 나의 종으로 택함을 입었나니 이는 너희가 나를 알고 믿으며 내가 그인 줄 깨닫게 하려 함이라 나의 전에 지음을 받은 신이 없었느니라 나의 후에도 없으리라 나 곧 나는 여호와라 나 외에 구원자가 없느니라
> **이사야 43:10-11**

많은 사람들이 천국으로 가는 방법은 여러 가지가 있으며 그중 가장 중요한 것이 착하게 사는 것이라고 착각합니다. 그러나 예수님은 말씀하셨습니다. "내가 곧 길이요 진리요 생명이니 나로 말미암지 않고는 아버지께로 올 자가 없느니라"(요한복음 14:6). 천국으로 가는 길은 오직 하나뿐이며 그것은 예수 그리스도를 통하는 것입니다. 우리의 구원은 우리의 정체성이나 행위, 혹은 우리가 다른 사람들의 기대에 얼마나 부응하느냐에 달려 있지 않습니다. 우리는 오직 우리를 대신해 십자가에서 죽으시고 부활하심으로 영원토록 죄를 없애시고 새 생명을 주시는 예수님을 믿음으로써만 구원을 받습니다. 천국으로 가는 유일한 방법은 그분을 믿고 그분의 희생을 받아들이는 것입니다.

하나님만이 우리 삶의 첫 자리를 차지하실 수 있는 가치가 있는 분이십니다. 어쩌면 당신은 사랑하는 사람, 목표, 선한 행실, 물질로 그 자리를 채우려 할지도 모르겠습니다. 그러나 오직 하나님만이 그분을 위해 마련된 그 자리를 채우실 수 있습니다. "여호와는 위대하시니 지극히 찬양할 것이요 모든 신들보다 경외할 것임이여 만국의 모든 신들은 우상들이지만 여호와께서는 하늘을 지으셨음이로다 존귀와 위엄이 그의 앞에 있으며 능력과 아름다움이 그의 성소에 있도다"(시편 96:4-6).

하나님이 그토록 능력이 있으시다면 어째서 악이 이 세상에서 승리하는 것처럼 보일까요? "나라는 여호와의 것이요 여호와는 모든 나라의 주재심이로다"(시편 22:28). 악이 이기는 것처럼 보일지라도 이 말씀은 진리입니다. 모든 것이 깨어지고 고통스러워 보이는 순간에도 하나님은 모든 상황을 다스리고 계십니다. 예수님이 다시 오셔서 모든 일을 바로잡으실 때까지 우리는 여전히 죄악 되고 깨어진 세상 가운데 살아갈 것입니다. 하지만 그분은 이러한 상태가 계속 지속되지 않을 것임을 약속하십니다.

예레미야는 세상의 추악함을 목격한 선지자였습니다. 하지만 그는 누가 이 세상을 붙들고 계시는지 분명히 알고 있었습니다. 예레미야는 말했습니다. "주 여호와여 주께서 큰 능력과 펴신 팔로 천지를 지으셨사오니 주에게는 할 수 없는 일이 없으시니이다"(예레미야 32:17).

📖 이사야 44장 6-8절과 45장 5-7절을 읽고 다음 질문에 답하세요.

⁶이스라엘의 왕인 여호와, 이스라엘의 구원자인 만군의 여호와가 이같이 말하노라 나는 처음이요 나는 마지막이라 나 외에 다른 신이 없느니라 ⁷내가 영원한 백성을 세운 이후로 나처럼 외치며 알리며 나에게 설명할 자가 누구냐 있거든 될 일과 장차 올 일을 그들에게 알릴지어다 ⁸너희는 두려워하지 말며 겁내지 말라 내가 예로부터 너희에게 듣게 하지 아니하였느냐 알지 아니하였느냐 너희는 나의 증인이라 나 외에 신이 있겠느냐 과연 반석은 없나니 다른 신이 있음을 내가 알지 못하노라

⁵나는 여호와라 나 외에 다른 이가 없나니 나 밖에 신이 없느니라 너는 나를 알지 못하였을지라도 나는 네 띠를 동일 것이요 ⁶해 뜨는 곳에서든지 지는 곳에서든지 나 밖에 다른 이가 없는 줄을 알게 하리라 나는 여호와라 다른 이가 없느니라 ⁷나는 빛도 짓고 어둠도 창조하며 나는 평안도 짓고 환난도 창조하나니 나는 여호와라 이 모든 일들을 행하는 자니라 하였노라

Q1 하나님이 처음이자 마지막이라는 말의 의미는 무엇인가요?
  (이사야 44:6)

Q2 관계, 물건, 목표 등 당신이 하나님보다 우선시하고 있는 것은 무엇인가요?

Q3 하나님은 "나 외에 신이 있겠느냐"라고 말씀하시며 이에 대해 어떻게 대답해 주시나요?(이사야 44:8)

Q4 이사야 45장 7절을 보면 하나님이 창조하고 다스리는 것은 무엇인가요?

📖 오늘은 사도신경의 한 부분으로 기도드립니다.

나는 전능하신 아버지 하나님, 천지의 창조주를 믿습니다. 예수님의 이름으로 기도드립니다. 아멘.

DAY 23

어디에나 계시며
모든 것을 아시는 하나님

여호와의 말씀이니라 나는 가까운 데에 있는 하나님이요 먼 데에 있는 하나님은 아니냐 여호와의 말씀이니라 사람이 내게 보이지 아니하려고 누가 자신을 은밀한 곳에 숨길 수 있겠느냐 여호와가 말하노라 나는 천지에 충만하지 아니하냐

예레미야 23:23-24

어떤 상황에서도 항상 나와 함께 있어 주는 친구를 원한 적 있나요? 나의 모든 것을 알며 심지어 내가 할 말까지 다 아는 친구, 결코 나를 외롭게 하지 않는 친구, 굳이 설명하지 않아도 다 이해해 주는 그런 친구가 있었으면 좋겠다고 생각한 적 있나요?

하나님이 바로 이런 친구 같은 분이십니다. 당신을 다 이해하시며 당신의 모든 것을 알고 계십니다. (네, 부끄러운 부분조차 다 알고 계십니다.) 그리고 항상 당신과 함께 하십니다. 시편 기자는 외쳤습니다. "내가 주의 영을 떠나 어디로 가며 주의 앞에서 어디로 피하리이까 내가 하늘에 올라갈지라도 거기 계시며 스올에 내 자리를 펼지라도 거기 계시니이다"(시편 139:7-8).

우리는 하나님으로부터 달아날 수 없습니다. 하나님은 우리

의 숨은 생각마저도 다 아십니다. "여호와여 내 혀의 말을 알지 못하시는 것이 하나도 없으시니이다"(시편 139:4). 그분으로부터 숨을 수 있는 어둠은 존재하지 않습니다. "주에게서는 흑암이 숨기지 못하며 밤이 낮과 같이 비추이나니 주에게는 흑암과 빛이 같음이니이다"(시편 139:12).

그 어떤 것도 하나님을 놀라게 할 수 없습니다. 그분은 당신을 창조하셨고 당신보다 당신을 더 잘 알고 계십니다! 외롭다고 느꼈거나 혹은 버림받았다고 느꼈던 순간을 떠올려 보세요. 하나님은 그때에도 당신과 함께 하셨습니다. 하나님은 어느 곳에나 계십니다. 온 세상에 있는 그분의 백성들을 보살피시며 모든 곳에서 그분의 목적을 이루십니다. 그분은 당신의 상처를 다 아십니다. 당신의 기도를 들으십니다. 스스로 말이 되지 않는다고 생각되는 기도조차도 다 듣고 계십니다. 그분은 당신을 알고 계실 뿐 아니라 당신에게 관심을 갖고 계십니다.

📖 로마서 8장 26-39절을 읽고 다음 질문에 답하세요.

²⁸우리가 알거니와 하나님을 사랑하는 자 곧 그의 뜻대로 부르심을 입은 자들에게는 모든 것이 합력하여 선을 이루느니라 ²⁹하나님이 미리 아신 자들을 또한 그 아들의 형상을 본받게 하기 위하여 미리 정하셨으니 이는 그로 많은 형제 중에서 맏아들이 되게

하려 하심이니라 ³⁰또 미리 정하신 그들을 또한 부르시고 부르신 그들을 또한 의롭다 하시고 의롭다 하신 그들을 또한 영화롭게 하셨느니라 … ³⁵누가 우리를 그리스도의 사랑에서 끊으리요 환난이나 곤고나 박해나 기근이나 적신이나 위험이나 칼이랴 ³⁶기록된 바 우리가 종일 주를 위하여 죽임을 당하게 되며 도살 당할 양 같이 여김을 받았나이다 함과 같으니라 ³⁷그러나 이 모든 일에 우리를 사랑하시는 이로 말미암아 우리가 넉넉히 이기느니라 ³⁸내가 확신하노니 사망이나 생명이나 천사들이나 권세자들이나 현재 일이나 장래 일이나 능력이나 ³⁹높음이나 깊음이나 다른 어떤 피조물이라도 우리를 우리 주 그리스도 예수 안에 있는 하나님의 사랑에서 끊을 수 없으리라

Q1 묵상한 말씀 가운데 가장 와 닿는 성경 구절과 그 이유는 무엇인가요?

Q2 당신은 하나님으로부터 도망가려고 시도한 적이 있나요? 그때 어떤 일이 일어났나요?

Q3 하나님이 모든 것을 보고 계시고 알고 계시다는 사실이 당신과 하나님과의 관계에 어떤 영향을 주나요?

Q4 지금까지 살아오면서 좌절을 느낀 적 있나요? 로마서 8장 28절의 진리가 그 상황에 대한 당신의 관점을 어떻게 바꿀 수 있을까요?

📖 오늘은 히브리서 4장 13절과 로마서 8장 39절 말씀으로 기도드립니다.

¹³지으신 것이 하나도 그 앞에 나타나지 않음이 없고 우리의 결산을 받으실 이의 눈 앞에 만물이 벌거벗은 것 같이 드러나느니라

³⁹높음이나 깊음이나 다른 어떤 피조물이라도 우리를 우리 주 그리스도 예수 안에 있는 하나님의 사랑에서 끊을 수 없으리라

하나님 아버지, 주님은 어디에나 계시며 모든 것을 아십니다. 그 어떤 것도 주님께 숨길 수 없음에 감사드립니다. 저를 사랑하셔서 찾아와 주심에 감사드립니다. 언제나 저를 이해해 주시고 항상 함께 해 주셔서 감사드립니다. 제가 주님으로부터 벗어나려 하지 않고 주님을 향해 달려갈 수 있도록 저를 도와주세요. 그 어떤 것도 우리 주 예수 그리스도 안에 있는 아버지의 사랑에서 끊을 수 없음을 고백합니다. 예수님의 이름으로 기도드립니다. 아멘.

사랑이신 하나님

그러나 이 모든 일에 우리를 사랑하시는 이로 말미암아 우리가 넉넉히 이기느니라 내가 확신하노니 사망이나 생명이나 천사들이나 권세자들이나 현재 일이나 장래 일이나 능력이나 높음이나 깊음이나 다른 어떤 피조물이라도 우리를 우리 주 그리스도 예수 안에 있는 하나님의 사랑에서 끊을 수 없으리라

로마서 8:37-39

우리는 언제나 사랑의 실패를 목격합니다. 이혼으로 끝나는 결혼, 깨지는 우정…. 대부분의 사람들은 상대방의 행위를 보고 사랑합니다. 때론 외모에 끌려 사랑에 빠지기도 하고, 상대방이 원하는 것을 해 줄 때에만 사랑하기도 합니다. 때론 사랑하는 사람에게 사랑받지 못하는 사람들, 사랑 표현이 서툰 사람들을 보기도 합니다. 어떤 사람들은 사랑하는 이를 실망시키거나 사랑할 수 있는 기회를 놓치기도 합니다. 사랑한다고 믿었는데 그 감정이 사라지고 관계에 어려움이 생기면 그 사랑을 의심하기도 합니다.

하나님의 사랑은 이러한 사랑과 다릅니다. 그분의 사랑은 영원하며 그 사랑의 근거는 우리의 행위에 달려 있지 않습니다.

우리의 선택은 결과를 낳고 우리는 그 결과에 직면해야 합니다. 하지만 그렇다고 해서 그것이 우리를 향한 하나님의 사랑을 막지는 못합니다. 우리가 아무리 하나님을 거부해도 그분은 우리를 찾아오십니다. 우리를 향한 그분의 사랑은 무조건적이며 영속적입니다. "그러나 주여 주는 긍휼히 여기시며 은혜를 베푸시며 노하기를 더디 하시며 인자와 진실이 풍성하신 하나님이시오니"(시편 86:15).

예수님의 죽음과 부활은 우리를 향한 최고의 사랑의 행위였습니다. 예수님은 하늘 보좌를 떠나 초라한 인간의 모습으로 이 땅에 오셔서 죽임을 당하셨습니다. 그분은 우리를 위하여 스스로를 희생 제물로 십자가에 내놓으신 구세주입니다. 당신을 향한 예수님의 사랑은 결코 공허하거나 감상적이거나 연약한 것이 아닙니다. 그 사랑은 강하고 확실합니다. 그분의 죽음과 부활은 죄를 없애고 참 생명을 줍니다.

하나님의 사랑은 당신뿐 아니라 다른 사람과의 관계에도 변화를 줍니다. 그분의 사랑은 신실하며 친절합니다. 그 사랑이 당신 안에 가득 차면 주변 사람들에게까지 흘러가게 됩니다. 또한 그분의 사랑은 불가능해 보이는 일을 할 수 있게 하는 능력이 있습니다.

📖 요한일서 4장 7-21절을 읽고 다음 질문에 답하세요.

¹⁸사랑 안에 두려움이 없고 온전한 사랑이 두려움을 내쫓나니 두려움에는 형벌이 있음이라 두려워하는 자는 사랑 안에서 온전히 이루지 못하였느니라 ¹⁹우리가 사랑함은 그가 먼저 우리를 사랑하셨음이라 ²⁰누구든지 하나님을 사랑하노라 하고 그 형제를 미워하면 이는 거짓말하는 자니 보는 바 그 형제를 사랑하지 아니하는 자는 보지 못하는 바 하나님을 사랑할 수 없느니라 ²¹우리가 이 계명을 주께 받았나니 하나님을 사랑하는 자는 또한 그 형제를 사랑할지니라

Q1 묵상한 말씀을 통해 깨달은 하나님의 사랑은 무엇인가요?

Q2 당신은 하나님의 사랑에 어떻게 반응하고 있나요?

Q3 하나님의 사랑이 당신 삶에 어떤 영향을 미치고 있나요?

Q4 그리스도인들은 왜 서로 사랑해야 할까요?

📖 오늘은 시편 136편 1절과 스바냐 3장 17절 말씀으로 기도드립니다.

¹여호와께 감사하라 그는 선하시며 그 인자하심이 영원함이로다

¹⁷너의 하나님 여호와가 너의 가운데에 계시니 그는 구원을 베푸실 전능자이시라 그가 너로 말미암아 기쁨을 이기지 못하시며 너를 잠잠히 사랑하시며 너로 말미암아 즐거이 부르며 기뻐하시리라 하리라

만군의 여호와 하나님, 저를 구원해 주셔서, 또한 저를 기뻐해 주셔서 감사드립니다. 주님의 사랑은 영원합니다. 그 사랑 안에서 주님이 저를 기뻐하시듯 저도 주님으로 인해 기뻐할 수 있도록 도와주세요. 주님의 사랑은 결코 변치 않습니다. 제가 항상 그 사랑을 받아들이고 나눌 수 있도록 도와주세요. 예수님의 이름으로 기도드립니다. 아멘.

신명기 | 6:4-5

이스라엘아 들으라 우리 하나님 여호와는 오직 유일한 여호와이시니 너는 마음을 다하고 뜻을 다하고 힘을 다하여 네 하나님 여호와를 사랑하라

Hear, O Israel: The LORD our God, the LORD is one. Love the LORD your God with all your heart and with all your soul and with all your strength.

Deuteronomy

DAY 25

완전하시며 변함이 없으신 하나님

> 그는 반석이시니 그가 하신 일이 완전하고
> 그의 모든 길이 정의롭고 진실하고 거짓이 없으신
> 하나님이시니 공의로우시고 바르시도다
> **신명기 32:4**

우리는 모두 자신이 소중히 여기는 사람들에게 실망한 경험이 있습니다. 또한 배신당한 경험도 있습니다. '과연 내가 신뢰할 수 있는 사람이 이 세상에 존재할까?'라고 생각한 적도 있습니다. 물론 우리도 누군가를 실망시키곤 합니다. 아무리 노력할지라도 말입니다.

우리 모두는 죄를 짓습니다. 그렇다고 낙담하지 마세요! 하나님은 실수하지 않으시니까요. 그분은 결코 약하지 않으십니다. 뒷걸음치지도 않으십니다. 결코 약속을 어기지도 않으십니다. 다른 모든 것이 무너져도 우리는 그분을 신뢰할 수 있습니다.

물론 우리가 하나님이 하시는 일을 언제나 이해할 수 있는 것은 아닙니다. 하지만 그분의 계획은 완벽하며 그분의 타이밍은 정확합니다. 이 말은 삶이 항상 쉽게 흘러갈 것이라는 의미가 아닙니다. 또 항상 원하는 모든 답을 얻게 될 것이라는 의미도 아닙니다. 우리는 하나님이 행하시는 모든 일을 이해하거나 동의할 수 없을지도 모릅니다. 하지만 우리는 여전히 그분이 완전하시며 그분의 길 역시 완전함을 알고 있습니다. 하나님은 약속하시고 그것을 끝까지 지키시는 분입니다. "그 종 모세를 통하여 무릇 말씀하신 그 모든 좋은 약속이 하나도 이루어지지 아니함이 없도다"(열왕기상 8:56).

하나님은 완전하시며 변함없는 분이심을 우리는 확신할 수 있습니다. "예수 그리스도는 어제나 오늘이나 영원토록 동일하시니라"(히브리서 13:8). 그분의 성품은 결코 변하지 않습니다. 하나님의 말씀은 수천 년 전이나 지금이나 변함없는 진리입니다. 세상은 변하고 무너지지만 하나님의 말씀은 확실하며 견고합니다.

이사야 선지자는 이렇게 고백했습니다. "모든 육체는 풀이요 그의 모든 아름다움은 들의 꽃과 같으니 … 풀은 마르고 꽃은 시드나 우리 하나님의 말씀은 영원히 서리라"(이사야 40:6,8).

📖 시편 18편을 읽고 다음 질문에 답하세요.

³⁰하나님의 도는 완전하고 여호와의 말씀은 순수하니 그는 자기에게 피하는 모든 자의 방패시로다 ³¹여호와 외에 누가 하나님이며 우리 하나님 외에 누가 반석이냐 ³²이 하나님이 힘으로 내게 띠 띠우시며 내 길을 완전하게 하시며 ³³나의 발을 암사슴 발 같게 하시며 나를 나의 높은 곳에 세우시며 ³⁴내 손을 가르쳐 싸우게 하시니 내 팔이 놋 활을 당기도다 ³⁵또 주께서 주의 구원하는 방패를 내게 주시며 주의 오른손이 나를 붙들고 주의 온유함이 나를 크게 하셨나이다

Q1 묵상한 말씀을 통해 당신이 만난 하나님은 어떤 분이신가요?

Q2 당신은 언제 하나님이 완전하신 분이라는 것을 믿게 되었나요?

Q3 당신은 시편 기자가 하나님을 '반석'에 비유한 이유가 무엇이라고 생각하나요?

Q4 시편 기자는 하나님께 어떻게 반응하고 있나요?

📖 오늘은 시편 89편 1-2, 8절 말씀으로 기도드립니다.

¹내가 여호와의 인자하심을 영원히 노래하며 주의 성실하심을 내 입으로 대대에 알게 하리이다 ²내가 말하기를 인자하심을 영원히 세우시며 주의 성실하심을 하늘에서 견고히 하시리라 하였나이다

⁸여호와 만군의 하나님이여 주와 같이 능력 있는 이가 누구리이까 여호와여 주의 성실하심이 주를 둘렀나이다

위대하신 주님, 주님의 인자하심과 성실하심이 영원합니다. 저는 이것을 영원토록 노래하겠습니다. 대대로 전하겠습니다. 전능하신 하나님, 누가 주님과 같을까요? 주님은 위대하시며 신실하십니다. 예수님의 이름으로 기도드립니다. 아멘.

DAY 26
피난처 되시는 하나님

> 주는 포학자의 기세가 성벽을 치는 폭풍과 같을 때에 빈궁한 자의 요새이시며 환난 당한 가난한 자의 요새이시며 폭풍 중의 피난처시며 폭양을 피하는 그늘이 되셨사오니 마른 땅에 폭양을 제함 같이 주께서 이방인의 소란을 그치게 하시며 폭양을 구름으로 가림 같이 포학한 자의 노래를 낮추시리이다 **이사야 25:4-5**

하나님은 우리의 피난처가 되어 주십니다. 상황이 우리를 아무리 두렵게 할지라도 하나님은 우리를 안전하게 보호해 주시고 지켜 주십니다. 하나님은 우리의 상황을 이해해 주실 뿐 아니라 우리가 약할 때 보호해 주십니다. 우리 인생이 걷잡을 수 없이 흘러가는 것처럼 느껴질 때에라도 그렇습니다. "그가 너를 그의 깃으로 덮으시리니 네가 그의 날개 아래에 피하리로다 그의 진실함은 방패와 손 방패가 되시나니"(시편 91:4).

누구에게도 이해받지 못한다고 느낄 때, 두렵고 낙담될 때, 근심하고 절박할 때, 도망치고 싶고 스스로를 해하고 싶을 때, 당신도 시편 기자처럼 기도하기를 권면합니다. "하나님이여 내게 은혜를 베푸소서 내게 은혜를 베푸소서 내 영혼이 주께로 피하되 주의 날개 그늘 아래에서 이 재앙들이 지나기까지 피하리이다"(시편 57:1).

우리는 엉망이 되어 버린 상황과 통제력이 상실된 삶을 하나님께 가져갈 수 있습니다. 그러면 하나님이 다시 회복시켜 주실 것입니다. 이제는 스스로 해결하기 위해 애쓸 필요가 없습니다. 성경 말씀을 읽고 기도하는 가운데 마음을 쏟아내고, 하나님의 약속과 그분이 하신 위대한 일들을 선포하면 진정한 안식을 누릴 수 있습니다. 우리의 쉼은 피난처 되시는 하나님께로부터만 나옵니다.

하나님은 "너희는 가만히 있어 내가 하나님 됨을 알지어다 내가 뭇 나라 중에서 높임을 받으리라 내가 세계 중에서 높임을 받으리라"(시편 46:10)고 말씀하십니다. 오늘, 하나님을 나의 피난처로 삼고 잠잠히 그분 안에서 쉬기 위해 무엇을 할 수 있을까요? 잠시 전화기나 컴퓨터를 끄는 등 당신을 산만하게 하는 모든 것으로부터 떠나 있어 보세요. 잠잠히 산책을 해도 좋습니다. 마음을 잠잠하게 할 수 있고, 말씀을 묵상할 수 있는 편안한 장소를 찾아보세요. 교회에서 읽었던 성경 말씀이나 불렀던 찬양 가사를 조용히 떠올려 보세요. 하나님이 당신의 두려움을 잠잠케 하시도록 시간을 갖고 기도하며 쉼을 누려 보세요. 잠잠히 하나님의 하나님 되심을 배워가기를 바랍니다.

📖 시편 46편을 읽고 다음 질문에 답하세요.

¹하나님은 우리의 피난처시요 힘이시니 환난 중에 만날 큰 도움이시라 ²그러므로 땅이 변하든지 산이 흔들려 바다 가운데에 빠지든지 ³바닷물이 솟아나고 뛰놀든지 그것이 넘침으로 산이 흔들릴지라도 우리는 두려워하지 아니하리로다 (셀라) ⁴한 시내가 있어 나뉘어 흘러 하나님의 성 곧 지존하신 이의 성소를 기쁘게 하도다 ⁵하나님이 그 성 중에 계시매 성이 흔들리지 아니할 것이라 새벽에 하나님이 도우시리로다 ⁶뭇 나라가 떠들며 왕국이 흔들렸더니 그가 소리를 내시매 땅이 녹았도다 ⁷만군의 여호와께서 우리와 함께 하시니 야곱의 하나님은 우리의 피난처시로다 (셀라) ⁸와서 여호와의 행적을 볼지어다 그가 땅을 황무지로 만드셨도다 ⁹그가 땅 끝까지 전쟁을 쉬게 하심이여 활을 꺾고 창을 끊으며 수레를 불사르시는도다 ¹⁰이르시기를 너희는 가만히 있어 내가 하나님 됨을 알지어다 내가 뭇 나라 중에서 높임을 받으리라 내가 세계 중에서 높임을 받으리라 하시도다 ¹¹만군의 여호와께서 우리와 함께 하시니 야곱의 하나님은 우리의 피난처시로다 (셀라)

Q1 직면하고 있는 어려운 상황 가운데 당신에게 가장 필요한 능력은 무엇인가요?

Q2 피난처 되시는 하나님을 신뢰하며 나아갈 때 느끼는 두려움과 갈등은 무엇인가요?

Q3 어떠한 상황 가운데서도 우리가 두려워하지 않을 수 있는 이유는 무엇인가요? (시편 46:2-3)

Q4 당신의 삶에서 "가만히 있어 내가(하나님이) 하나님 됨을 알지어다" (시편 46:10)를 경험해야 할 영역은 무엇일까요?

오늘은 시편 71편 3-7절 말씀으로 기도드립니다.

³주는 내가 항상 피하여 숨을 바위가 되소서 주께서 나를 구원하라 명령하셨으니 이는 주께서 나의 반석이시요 나의 요새이심이니이다 ⁴나의 하나님이여 나를 악인의 손 곧 불의한 자와 흉악한 자의 장중에서 피하게 하소서 ⁵주 여호와여 주는 나의 소망이시요 내가 어릴 때부터 신뢰한 이시라 ⁶내가 모태에서부터 주를 의지하였으며 나의 어머니의 배에서부터 주께서 나를 택하셨사오니 나는 항상 주를 찬송하리이다 ⁷나는 무리에게 이상한 징조 같이 되었사오나 주는 나의 견고한 피난처시오니

구원의 하나님, 주님은 나의 피난처, 반석, 요새이십니다. 그러니 저를 악한 자와 불의한 자의 손에서 구원하여 주세요. 주권자 되시는 하나님, 주님께 감사드리며 주님을 찬양합니다. 주님만이 제 소망이시며 제가 의지할 오직 한 분이십니다. (특별히 당신 삶에서 하나님의 능력이 필요한 영역이 있다면 구하세요.) 예수님의 이름으로 기도드립니다. 아멘.

강한 용사이신 하나님

여호와는 나의 힘이요 노래시며 나의 구원이시로다 …
여호와는 용사시니 여호와는 그의 이름이시로다 …
여호와여 주의 오른손이 권능으로 영광을 나타내시니이다
여호와여 주의 오른손이 원수를 부수시니이다
출애굽기 15:2-3,6

하나님은 사랑이십니다. 그분은 용서와 자비를 베푸십니다. 그렇다고 하나님이 만만한 분이라는 의미는 결코 아닙니다. 하나님은 용사이시기도 합니다. 그분은 정의롭고 강하며 타협이 없는 분이십니다. 그 누구도 하나님을 대적할 수 없습니다. 그러나 우리가 생각하는 힘의 개념을 그분께 똑같이 적용할 수는 없습니다. 예수님은 연약한 아기의 모습으로 이 땅에 오셨습니다. 온 우주를 지배하시는 분이 인간에 의해 사형 선고를 받으셨습니다. 그리고 십자가와 부활을 통해 사망을 이기셨습니다. "자녀들은 혈과 육에 속하였으매 그도 또한 같은 모양으로 혈과 육을 함께 지니심은 죽음을 통하여 죽음의 세력을 잡은 자 곧 마귀를 멸하시며 또 죽기를 무서워하므로 한평생 매여 종노릇 하는 모든 자들을 놓아 주려 하심이니"(히브리서 2:14-15).

주님은 우리를 위해 싸우시고 우리를 통하여 싸우십니다. 우리는 주님과 함께 매우 실제적인 영적 싸움에 참여하는 존재입니다. 중립 지대는 없습니다. "근신하라 깨어라 너희 대적 마귀가 우는 사자 같이 두루 다니며 삼킬 자를 찾나니 너희는 믿음을 굳건하게 하여 그를 대적하라 이는 세상에 있는 너희 형제들도 동일한 고난을 당하는 줄을 앎이라"(베드로전서 5:8-9). 속지 마세요. 당신의 권력, 힘, 명성은 어떤 능력도 없습니다. 당신 혼자서는 적(사탄)을 무찌를 수 없습니다. 당신의 연약함과 무력함을 인정하세요. "너희 염려를 다 주께 맡기라 이는 그가 너희를 돌보심이라 … 모든 은혜의 하나님 곧 그리스도 안에서 너희를 부르사 자기의 영원한 영광에 들어가게 하신 이가 잠깐 고난을 당한 너희를 친히 온전하게 하시며 굳건하게 하시며 강하게 하시며 터를 견고하게 하시리라"(베드로전서 5:7,10).

당신이 주님을 따르고 있다면 이기는 편에 선 것입니다. (앞으로 있을 전쟁에 대해 살펴보고 싶다면 요한계시록 20장 7-15절을 읽어 보세요). 모든 전쟁과 마찬가지로, 영적 전쟁을 위해서도 훈련이 필요합니다. 전쟁을 앞두고 패스트푸드를 먹으며 소파에 앉아 있거나 인터넷 서핑을 하며 시간을 보내는 사람은 없을 것입니다. 우리는 영적 전쟁에서 함께 할 누군가가, 그리고 우리를 강하게 훈련시켜 줄 누군가가 필요합니다. 그는 소그룹 인도자나 목사, 교회 구성원일 수 있습니다. 또한 우리는 영적 전쟁에서 무기를 능숙하게 다룰 줄 알아야 합니다. 그 무기는 바로 성경 말씀과 기도입니다. 일상에서 우리는 이러한 활동을 중심으로 움직여 나가야 합니다. 영적 전쟁은 넋을 놓고 끝나기만을 기다리는 그런 전쟁이 아닙니다.

📖 에베소서 6장 10-20절을 읽고 다음 질문에 답하세요.

[10]끝으로 너희가 주 안에서와 그 힘의 능력으로 강건하여지고 [11]마귀의 간계를 능히 대적하기 위하여 하나님의 전신 갑주를 입으라 [12]우리의 씨름은 혈과 육을 상대하는 것이 아니요 통치자들과 권세들과 이 어둠의 세상 주관자들과 하늘에 있는 악의 영들을 상대함이라 [13]그러므로 하나님의 전신 갑주를 취하라 이는 악한 날에 너희가 능히 대적하고 모든 일을 행한 후에 서기 위함이라 [14]그런즉 서서 진리로 너희 허리 띠를 띠고 의의 호심경을 붙이고 [15]평안의 복음이 준비한 것으로 신을 신고 [16]모든 것 위에 믿음의 방패를 가지고 이로써 능히 악한 자의 모든 불화살을 소멸하고 [17]구원의 투구와 성령의 검 곧 하나님의 말씀을 가지라 [18]모든 기도와 간구를 하되 항상 성령 안에서 기도하고 이를 위하여 깨어 구하기를 항상 힘쓰며 여러 성도를 위하여 구하라 [19]또 나를 위하여 구할 것은 내게 말씀을 주사 나로 입을 열어 복음의 비밀을 담대히 알리게 하옵소서 할 것이니 [20]이 일을 위하여 내가 쇠사슬에 매인 사신이 된 것은 나로 이 일에 당연히 할 말을 담대히 하게 하려 하심이라

Q1 영적 갑옷, 즉 전신 갑주란 무엇인지 말씀을 통해 찾아보세요.

Q2 일상에서 영적 전쟁을 어떻게 준비할 수 있을까요?

Q3 영적 전쟁에서 당신이 싸우는 적은 누구인가요?(에베소서 6:12)

Q4 영적 전쟁에서 승리하기 위해 오늘 당신이 결단해야 할 것은 무엇인가요?

📖 오늘은 신명기 31장 6절 말씀으로 기도드립니다.

⁶너희는 강하고 담대하라 두려워하지 말라 그들 앞에서 떨지 말라 이는 네 하나님 여호와 그가 너와 함께 가시며 결코 너를 떠나지 아니하시며 버리지 아니하실 것임이라 하고

> 강하신 주님, 주님은 우리의 영원한 통치자이십니다. 제가 오직 주님이 주시는 힘으로 제 앞에 놓인 영적 전쟁을 준비할 수 있도록 도와주세요. 제가 두려워하지 않고 강하고 담대할 수 있도록 도와주세요. 주님은 저와 항상 함께 하시고 저를 떠나거나 버리지 않으실 여호와 하나님이십니다. 예수님의 이름으로 기도드립니다. 아멘.

DAY 28
용서하시는 하나님

> 만일 우리가 우리 죄를 자백하면 그는 미쁘시고 의로우사 우리 죄를 사하시며 우리를 모든 불의에서 깨끗하게 하실 것이요
> **요한일서 1:9**

당신이 한 행동이나 생각으로 인해 죄책감을 느껴본 적 있나요? 하나님이 정말로 당신을 용서하시는지, 그리고 변화시켜 주시는지 궁금해 한 적 있나요?

아무리 애를 써도 우리 모두에게는 죄의 문제가 남아 있습니다. "모든 사람이 죄를 범하였으매 하나님의 영광에 이르지 못하더니"(로마서 3:23). 하나님은 우리의 죄를 다 알고 계십니다. 그래서 그리스도 안에서 우리를 구속해 주셨습니다! "그리스도 예수 안에 있는 속량으로 말미암아 하나님의 은혜로 값없이 의롭다 하심을 얻은 자 되었느니라"(로마서 3:24).

우리는 모두 용서가 필요합니다. 우리는 다 죄책감으로 괴로워합니다. 용서를 받아도 그 괴로움을 쉽게 떨치지 못합니다. 다윗이 이 모든 것을 경험한 한 사람입니다. 하나님을 사랑한 이스라엘 왕 다윗은 어느 날 주님 앞에 큰 잘못을 저질렀습니

다. 그는 결혼한 여인인 밧세바를 범한 후 그 죄를 덮으려고 그녀의 남편까지 죽게 만들었습니다.

그때 하나님은 선지자를 보내 그와 대면케 하셨습니다. "당신이 그 사람이라 … 어찌하여 네가 여호와의 말씀을 업신여기고 나 보기에 악을 행하였느냐"(사무엘하 12:7,9). 다윗은 자기 스스로를 비참하게 만들고 있음을 깨달았습니다. 그는 죄를 인정하고 자백했습니다. 그리고 이후 자신이 지은 죄의 결과와 직면해야 했습니다. 하지만 하나님은 그에게 은혜를 베푸사 용서해 주셨습니다. 다윗은 자신의 죄를 깨끗하게 해 주신 하나님을 찬양했습니다.

우리는 시편 51편에서 다윗의 찬양의 고백을 들을 수 있습니다. 다윗은 먼저 하나님의 성품과 자신의 죄를 고백했습니다. 그리고 자신의 죄를 깨끗이 씻어 달라고 간구했습니다. 다윗은 하나님께 자신을 변화시켜 달라고, 마음에 가득한 수치심을 구원의 기쁨으로 바꾸어 달라고 간구했습니다. 그러면 하나님께서 자신을 위하여 행하신 일을 전파하고 또 예배하겠다고 서약했습니다.

시편 51편을 읽고 다음 질문에 답하세요.

¹하나님이여 주의 인자를 따라 내게 은혜를 베푸시며 주의 많은 긍휼을 따라 내 죄악을 지워 주소서 ²나의 죄악을 말갛게 씻으시며 나의 죄를 깨끗이 제하소서 ³무릇 나는 내 죄과를 아오니 내 죄가 항상 내 앞에 있나이다 ⁴내가 주께만 범죄하여 주의 목전에 악을 행하였사오니 주께서 말씀하실 때에 의로우시다 하고 주께서 심판하실 때에 순전하시다 하리이다

Q1 하나님께서 죄를 드러내실 때 다윗은 어떻게 반응했나요?
(사무엘하 12:13)

Q2 하나님께서 죄를 드러내실 때 당신은 어떻게 반응하나요?

Q3 다윗의 죄는 여러 사람에게 영향을 끼쳤습니다. 그런데 시편 51편 4절을 보면 다윗은 누구에게 죄를 지었다고 고백하고 있나요? 이것이 왜 중요한가요?

Q4 하나님께서 죄를 드러내실 때 다윗처럼 회개해 보세요. 공의로우시며 자비로우신 하나님의 성품을 선포하며 죄를 고백하고 그분께 용서를 구하세요. 당신을 변화시켜 주시도록 간구하며 감사드리세요.

📖 오늘은 시편 139편 23절, 51편 10-12절 말씀으로 기도드립니다.

²³하나님이여 나를 살피사 내 마음을 아시며 나를 시험하사 내 뜻을 아옵소서

¹⁰하나님이여 내 속에 정한 마음을 창조하시고 내 안에 정직한 영을 새롭게 하소서 ¹¹나를 주 앞에서 쫓아내지 마시며 주의 성령을 내게서 거두지 마소서 ¹²주의 구원의 즐거움을 내게 회복시켜 주시고 자원하는 심령을 주사 나를 붙드소서

거룩하신 주님, 저를 살피시고 제 마음을 알아주세요. 저를 시험하시고 제 생각을 보세요. 하나님, 저는 죄인입니다. 혹 여전히 회개하지 않은 죄가 있다면 깨닫게 해 주시길 원합니다. 제 속에 정한 마음을 창조해 주시고, 제 안에 정직한 영을 새롭게 해 주세요. 저를 주님 앞에서 물리치지 말아 주시고 성령을 거두어 가지 말아 주세요. 구원의 기쁨을 회복시켜 주시고 자원하는 마음을 주시길 원합니다. 저를 붙들어 주시기를 바라며 예수님의 이름으로 기도드립니다. 아멘.

| 디모데후서 | 3:16-17 |

모든 성경은 하나님의 감동으로 된 것으로 교훈과 책망과 바르게 함과 의로 교육하기에 유익하니 이는 하나님의 사람으로 온전하게 하며 모든 선한 일을 행할 능력을 갖추게 하려 함이라

All Scripture is God-breathed and is useful for teaching, rebuking, correcting and training in righteousness, so that the man of God may be thoroughly equipped for every good work.

2 Timothy

DAY 29

내가 만난 나의 하나님

주의 손이 나를 만들고 세우셨사오니
내가 깨달아 주의 계명들을 배우게 하소서
시편 119:73

하나님은 하늘과 땅, 모든 식물과 동물을 창조하셨으며 우리 인간을 정교하고 독특하게 지으셨습니다. 하나님은 그분이 만드신 모든 것에 관심을 가지고 계십니다. 그분은 당신의 외모와 마음, 재능과 성품을 사랑 가운데 목적을 가지고 지으셨습니다. 그분은 만드신 모든 것을 기뻐하십니다.

하나님은 우리를 창조하신 후에 그냥 내버려 두지 않으셨습니다. 에덴동산에서는 아담과 하와와 함께 지내셨습니다. 그러나 그들이 죄를 지었을 때, 하나님은 그분의 백성과 다시 함께 하시기 위하여 먼 여정을 떠나셔야 했습니다. 하나님은 그분의 메시지를 전할 선지자를 보내셨고, 이스라엘 민족에게 성막을 지으라고 명하신 후 그 가운데 거하셨습니다. 하나님은 우리 안에 언제나 함께 하시기 위하여 우리 마음에 성령을 부어 주십니다. 그분은 결코 우리를 떠나지도, 버리지도 않으십니다.

만약 당신이 정체성의 문제로 고민하고 있다면, 혹은 당신의 모습에 자신이 없다면, 혹은 스스로를 비판하는 경향이 강하다면, 시간을 내어 오늘의 시편 말씀을 꼭 묵상해 보길 권합니다. 시편 기자를 통해 하나님이 당신의 정체성을 어떻게 정의하시는지 한번 눈여겨보세요. 하나님이 당신을 어떻게 만드셨다고 하는지 한번 잘 찾아보세요. 그리고 눈에 띄는 말씀을 기록해 두세요. 당신을 향한 하나님의 사랑을 늘 기억할 수 있도록 그 말씀을 포스트잇에 써서 붙여 두세요. 당신은 우연히 생겨난 존재가 아닙니다. 하나님의 손이 당신을 지으셨습니다. 하나님은 당신을 귀하게 여기시며 당신을 기뻐하십니다. 그분은 기꺼이 당신과 함께 하시는 분입니다!

📖 시편 139편을 읽고 다음 질문에 답하세요.

^{1}여호와여 주께서 나를 살펴 보셨으므로 나를 아시나이다 ^{2}주께서 내가 앉고 일어섬을 아시고 멀리서도 나의 생각을 밝히 아시오며 ^{3}나의 모든 길과 내가 눕는 것을 살펴 보셨으므로 나의 모든 행위를 익히 아시오니 ^{4}여호와여 내 혀의 말을 알지 못하시는 것이 하나도 없으시니이다 ^{5}주께서 나의 앞뒤를 둘러싸시고 내게 안수하셨나이다 ^{6}이 지식이 내게 너무 기이하니 높아서 내가 능히 미치지 못하나이다 ^{7}내가 주의 영을 떠나 어디로 가며 주의 앞에서 어디로 피하리이까 ^{8}내가 하늘에 올라갈지라도 거기 계시며

스올에 내 자리를 펼지라도 거기 계시니이다 ⁹내가 새벽 날개를 치며 바다 끝에 가서 거주할지라도 ¹⁰거기서도 주의 손이 나를 인도하시며 주의 오른손이 나를 붙드시리이다 ¹¹내가 혹시 말하기를 흑암이 반드시 나를 덮고 나를 두른 빛은 밤이 되리라 할지라도 ¹²주에게서는 흑암이 숨기지 못하며 밤이 낮과 같이 비추이나니 주에게는 흑암과 빛이 같음이니이다 ¹³주께서 내 내장을 지으시며 나의 모태에서 나를 만드셨나이다 ¹⁴내가 주께 감사하옴은 나를 지으심이 심히 기묘하심이라 주께서 하시는 일이 기이함을 내 영혼이 잘 아나이다

Q1 이 말씀을 통해 당신 자신을 바라보는 관점이 어떻게 바뀌었나요?

Q2 당신만이 갖고 있는 독특함은 무엇인가요?

Q3 시편 139편 1–5절에 따르면 하나님은 당신에 대해 얼마나 잘 알고 계시나요? 이것이 당신에게 어떻게 다가오나요?

Q4 당신이 "심히 기묘하게"(헤아릴 수 없을 정도로 신기하고 오묘하게, 시편 139:14) 지어졌다는 사실이 당신에게 어떻게 다가오나요?

📖 오늘은 시편 139편 말씀으로 기도드립니다.

하나님 아버지, 주님은 모태에서 저를 만드셨습니다. 저를 이렇게 아름답게 만들어 주심에 감사드립니다. 주님께서 저를 바라보시는 것처럼, 저를 사랑스럽게 여겨 주시는 것처럼 저도 제 자신을 그렇게 바라볼 수 있도록 도와주세요. 저는 주님의 것입니다. 저는 주님으로 인해 가치 있는 존재가 되었습니다. 참 감사드립니다. 예수님의 이름으로 기도드립니다. 아멘.

3부

하나님과 함께 하는
삶에 대한 이야기

교회의 참 의미

> 오직 하나님이 몸을 고르게 하여 부족한 지체에게 귀중함을 더하사 몸 가운데서 분쟁이 없고 오직 여러 지체가 서로 같이 돌보게 하셨느니라 만일 한 지체가 고통을 받으면 모든 지체가 함께 고통을 받고 한 지체가 영광을 얻으면 모든 지체가 함께 즐거워하느니라 너희는 그리스도의 몸이요 지체의 각 부분이라 **고린도전서 12:24-27**

교회는 예수님을 구주로 믿고, 그분을 삶의 첫 자리에 모시고 살아가는 사람들로 이뤄져 있습니다. 그러나 교회는 완벽한 사람들의 모임이 아닙니다. 교회는 그리스도를 따르는 법을 배우는 사람들, 그리고 하나님과 이웃을 사랑하는 법을 배우는 사람들로 이뤄져 있습니다.

교회는 그리스도를 따르는 모든 사람을 포함합니다. 교회는 지역 교회라고 알려진 보다 작은 조직으로 전 세계에서 정기적으로 모임을 가집니다. 하나의 지역 교회는 작은 건물이나 가정에서 모일 수 있지만 건물 자체를 교회라고 할 수는 없습니다. 교회란, 예수님을 따르는 사람들을 말합니다. 나이가 아무리 어려도 그리스도인이 되면 지역 교회의 한 구성원이 될 수 있습니다. 우리가 사는 곳에서 배우고 섬길 수 있는 교회를 찾는 것은 아주 중요합니다.

교회는 오락을 즐기기 위해 모이는 곳이 아닙니다. 교회를 향한 하나님의 소망은 그곳이 서로를 격려하고 함께 기도하고 말씀을 나누는 장소가 되는 것입니다. 우리는 교회에서 함께 예배하고 하나님의 말씀을 듣고 서로를 섬길 수 있습니다. 또한 그곳에서 하나님이 주신 선물을 발견하고 즐거워할 수 있습니다! 교회는 그리스도 안에서 하나님의 은혜를 함께 경험하기 위해 모이는 곳입니다.

사도행전에서 교회는 사도의 가르침을 받아 서로 교제하고 떡을 떼며 오로지 기도하기를 힘쓰는(사도행전 2:42) 곳이었습니다. 이러한 공동생활은 일주일에 한 번 건물에 모인 후 각자의 집으로 흩어지는 것 이상이었습니다. 초대교회 성도들은 함께 먹고 함께 기도했습니다. 그들은 궁핍하고 상처 입은 사람들을 돕기 위하여 자신이 가진 것을 내놓았습니다. 주님이 약속하신 믿는 자에게 주시는 생명, 즉 복음을 말과 행동으로 다른 이들에게 전했습니다. 하나님은 교회를 통하여 일하십니다.

📖 사도행전 2장 37-47절을 읽고 다음 질문에 답하세요.

³⁷그들이 이 말을 듣고 마음에 찔려 베드로와 다른 사도들에게 물어 이르되 형제들아 우리가 어찌할꼬 하거늘 ³⁸베드로가 이르되 너희가 회개하여 각각 예수 그리스도의 이름으로 세례를 받고 죄 사함을 받으라 그리하면 성령의 선물을 받으리니 ³⁹이 약속은 너희와 너희 자녀와 모든 먼 데 사람 곧 주 우리 하나님이 얼마든지 부르시는 자들에게 하신 것이라 하고 ⁴⁰또 여러 말로 확증하며 권하여 이르되 너희가 이 패역한 세대에서 구원을 받으라 하니 ⁴¹그 말을 받은 사람들은 세례를 받으매 이 날에 신도의 수가 삼천이나 더하더라 ⁴²그들이 사도의 가르침을 받아 서로 교제하고 떡을 떼며 오로지 기도하기를 힘쓰니라 ⁴³사람마다 두려워하는데 사도들로 말미암아 기사와 표적이 많이 나타나니 ⁴⁴믿는 사람이 다 함께 있어 모든 물건을 서로 통용하고 ⁴⁵또 재산과 소유를 팔아 각 사람의 필요를 따라 나눠 주며 ⁴⁶날마다 마음을 같이하여 성전에 모이기를 힘쓰고 집에서 떡을 떼며 기쁨과 순전한 마음으로 음식을 먹고 ⁴⁷하나님을 찬미하며 또 온 백성에게 칭송을 받으니 주께서 구원 받는 사람을 날마다 더하게 하시니라

Q1 '교회' 하면 가장 먼저 떠오르는 것이 무엇인가요?

Q2 사도행전 2장을 읽으면서 교회에 대한 하나님의 계획에 대해 무엇을 배울 수 있나요?

Q3 지역 교회의 일원이 되는 것이 왜 중요한가요?

Q4 당신이 섬기는 교회는 사도행전 2장에 나온 교회와 어떤 면에서 유사한가요? 또 어떤 면에서 다른가요?

📖 오늘은 사도신경의 한 부분으로 기도드립니다.

> 나는 성령을 믿으며, 거룩한 공교회와 성도의 교제와 죄를 용서 받는 것과 몸의 부활과 영생을 믿습니다. 예수님의 이름으로 기도드립니다. 아멘.

DAY 31

세례의 참 의미

무릇 그리스도 예수와 합하여 세례를 받은 우리는 그의 죽으심과 합하여 세례를 받은 줄을 알지 못하느냐 그러므로 우리가 그의 죽으심과 합하여 세례를 받음으로 그와 함께 장사되었나니 이는 아버지의 영광으로 말미암아 그리스도를 죽은 자 가운데서 살리심과 같이 우리로 또한 새 생명 가운데서 행하게 하려 함이라 **로마서 6:3-4**

예수님은 우리에게 세례를 베풀라고 명하셨습니다. "그러므로 너희는 가서 모든 민족을 제자로 삼아 아버지와 아들과 성령의 이름으로 세례를 베풀고"(마태복음 28:19). 교단마다 세례를 주는 방식이 다른데 어떤 교단은 머리에 물을 묻히기도 하고, 어떤 교단은 물에 몸을 완전히 담그기도 합니다. 교회는 각각의 방식으로 예수님의 말씀에 순종하고 있습니다.

세례는 예수님 안에서 우리의 구원을 예표합니다. 우리는 세례를 통해 예수님의 죽음, 장사, 부활에 자신을 동일시 할 수 있습니다. 물이 흘러내릴 때 우리는 옛 자아, 즉 죄악 된 자아가 죽고 새로운 생명으로 부활하게 되었음을 깨닫게 됩니다. "만일 우리가 그의 죽으심과 같은 모양으로 연합한 자가 되었으면 또한 그의 부활과 같은 모양으로 연합한 자도 되리라"(로마서 6:5-7). 예수님은 우리의 죄를 용서하시고 영원한 생명을 주십니다.

세례는 하나님과 함께 하는 새로운 삶이 무엇인지 상기시켜 줍니다. 또한 우리 스스로가 아니라, 은혜로 말미암아 예수님이 우리를 깨끗이 씻으시고 용서하셨음을 상기시켜 줍니다. 우리는 스스로를 구원할 수 없습니다. 하나님은 세례를 통해 우리를 새롭게 하셨음을 확실하게 해 주십니다. 그때 교회는 세례받은 성도들의 믿음을 축하해 줍니다.

📖 마태복음 3장과 골로새서 2장 9절에서 3장 17절까지 읽고 다음 질문에 답하세요.

(골로새서 2장) 12 너희가 세례로 그리스도와 함께 장사되고 또 죽은 자들 가운데서 그를 일으키신 하나님의 역사를 믿음으로 말미암아 그 안에서 함께 일으키심을 받았느니라

(골로새서 3장) 1 그러므로 너희가 그리스도와 함께 다시 살리심을 받았으면 위의 것을 찾으라 거기는 그리스도께서 하나님 우편에 앉아 계시느니라 2 위의 것을 생각하고 땅의 것을 생각하지 말라 3 이는 너희가 죽었고 너희 생명이 그리스도와 함께 하나님 안에 감추어졌음이라 4 우리 생명이신 그리스도께서 나타나실 그 때에 너희도

그와 함께 영광 중에 나타나리라 ⁵그러므로 땅에 있는 지체를 죽이라 곧 음란과 부정과 사욕과 악한 정욕과 탐심이니 탐심은 우상 숭배니라

Q1 세례에 대해 새롭게 배운 사실은 무엇인가요?

Q2 세례는 무엇을 의미하나요?(골로새서 2:12)

Q3 당신은 세례를 받았나요? 그렇다면 그때의 경험을 나눠 주세요.

Q4 삶을 예수님께 헌신했지만 아직 세례를 받지 못했다면 목사님이나 소그룹 인도자에게 문의하세요.

📖 오늘은 로마서 6장 3-4절 말씀으로 기도드립니다.

³무릇 그리스도 예수와 합하여 세례를 받은 우리는 그의 죽으심과 합하여 세례를 받은 줄을 알지 못하느냐 ⁴그러므로 우리가 그의 죽으심과 합하여 세례를 받음으로 그와 함께 장사되었나니 이는 아버지의 영광으로 말미암아 그리스도를 죽은 자 가운데서 살리심과 같이 우리로 또한 새 생명 가운데서 행하게 하려 함이라

주님, 죄인인 제가 세례를 받을 수 있게 해 주셔서 감사드립니다. 제가 예수님의 죽으심과 부활하심으로 세례를 받아 이전에 살던 죄악 된 삶을 버리고 거룩하게 살아가도록 도와주세요. 제 마음을 새롭게 해 주시고, 성령으로 인도하사 거룩하게 살아가도록 인도해 주세요. 예수님의 이름으로 기도드립니다. 아멘.

성찬의 참 의미

예수께서 이르시되 내가 진실로 진실로 너희에게 이르노니 인자의 살을 먹지 아니하고 인자의 피를 마시지 아니하면 너희 속에 생명이 없느니라 내 살을 먹고 내 피를 마시는 자는 영생을 가졌고 마지막 날에 내가 그를 다시 살리리니
요한복음 6:53-54

해마다 이스라엘 백성은 유월절을 기념하여 지키는데, 그 날은 양의 피로 장자의 죽음을 면하게 하시고 이집트에서 기적적으로 구원해 내신 하나님을 기억하는 날입니다. 잡히시던 날 밤에 예수님은 제자들과 함께 유월절을 기념하시며 유월절에 그 이상의 의미가 있음을 알려 주셨습니다. 유월절은 바로 주님의 십자가를 가리키는 것이었습니다. 예수님은 십자가에서 흘리신 피로 우리를 덮으사 사망에서 건져 주셨습니다! 즉, 우리를 살리시기 위해 예수님 자신이 어린 양이 되어 희생당하신 것입니다.

예수님은 우리를 구원하시기 위해 그분 자신을 내어놓으셨습니다. 성찬식을 할 때마다 우리는 이것을 기억하고 기념해야 합니다. 성도들과 함께 포도주(예수님의 피)를 마시고 떡(예수님의 살)을 먹으며 예수님, 그리고 성도 간의 관계에 다시 집중해야 합니다.

우리는 성찬식을 통해 십자가에서 희생하신 예수님을 기억해야 합니다. "곧 주 예수께서 … 떡을 가지사 축사하시고 떼어 이르시되 이것은 너희를 위하는 내 몸이니 이것을 행하여 나를 기념하라 하시고 식후에 또한 그와 같이 잔을 가지시고 이르시되 이 잔은 내 피로 세운 새 언약이니 이것을 행하여 마실 때마다 나를 기념하라 하셨으니"(고린도전서 11:23-25).

성찬식을 통해 우리는 스스로를 점검해야 합니다. "사람이 자기를 살피고 그 후에야 이 떡을 먹고 이 잔을 마실지니"(고린도전서 11:28). 우리는 죄를 자백하고 하나님께 용서를 구해야 합니다. 또한 서로 화해해야 합니다.

성찬식을 통해 우리는 예수님이 다시 오실 것을 선포해야 합니다. "너희가 이 떡을 먹으며 이 잔을 마실 때마다 주의 죽으심을 그가 오실 때까지 전하는 것이니라"(고린도전서 11:26).

성찬식을 통해 주님 앞에 우리의 죄와 두려움, 연약함을 가져가야 합니다. 그러면 주님은 우리 죄를 도말하여 주시고 우리를 위로해 주시며 힘을 주십니다. "너희는 여호와의 선하심을 맛보아 알지어다 그에게 피하는 자는 복이 있도다"(시편 34:8).

📖 마태복음 26장 26-30절을 읽고 다음 질문에 답하세요.

²⁶그들이 먹을 때에 예수께서 떡을 가지사 축복하시고 떼어 제자들에게 주시며 이르시되 받아서 먹으라 이것은 내 몸이니라 하시고 ²⁷또 잔을 가지사 감사 기도 하시고 그들에게 주시며 이르시되 너희가 다 이것을 마시라 ²⁸이것은 죄 사함을 얻게 하려고 많은 사람을 위하여 흘리는 바 나의 피 곧 언약의 피니라 ²⁹그러나 너희에게 이르노니 내가 포도나무에서 난 것을 이제부터 내 아버지의 나라에서 새것으로 너희와 함께 마시는 날까지 마시지 아니하리라 하시니라 ³⁰이에 그들이 찬미하고 감람 산으로 나아가니라

Q1 성찬에 대해 새롭게 배운 것은 무엇인가요?

Q2 성찬이 왜 중요하다고 생각하나요?

Q3 성찬과 유월절 식사는 어떤 면에서 유사한가요?

Q4 성찬에 참여하기 전에 스스로를 점검하는 것이 왜 중요한가요?

📖 오늘은 고린도전서 10장 16-17절 말씀으로 기도드립니다.

¹⁶우리가 축복하는 바 축복의 잔은 그리스도의 피에 참여함이 아니며 우리가 떼는 떡은 그리스도의 몸에 참여함이 아니냐 ¹⁷떡이 하나요 많은 우리가 한 몸이니 이는 우리가 다 한 떡에 참여함이라

생명의 주님, 주님의 살과 피가 우리의 영의 양식이 되었습니다. 저 같은 죄인을 위하여 주님의 몸을 희생 제물로 내어주셔서 감사드립니다. 제가 성찬을 할 때마다 주님을 기억하고 그 희생을 감사하게 해 주세요. 떡과 잔은 주님의 몸과 피에 참여하는 것임을 고백합니다. 제게 주님을 사랑하고 주의 성도들을 섬길 수 있는 힘과 용기를 주세요. 예수님의 이름으로 기도드립니다. 아멘.

| 시편 | 139:7-8

내가 주의 영을 떠나 어디로 가며 주의 앞에서 어디로
피하리이까 내가 하늘에 올라갈지라도 거기 계시며
스올에 내 자리를 펼지라도 거기 계시나이다

Where can I go from your Spirit? Where can I flee from your presence? If I go up to the heavens, you are there; if I make my bed in the depths, you are there.

Psalms

DAY 33
삶으로 드리는 예배

> 오라 우리가 굽혀 경배하며 우리를 지으신 여호와 앞에
> 무릎을 꿇자 그는 우리의 하나님이시요 우리는 그가 기르시는
> 백성이며 그의 손이 돌보시는 양이기 때문이라
> 시편 95:6-7

예배는 하나님께 집중하는 것입니다. 우리는 예배를 통해 하나님을 경외하고 그분께 순복합니다. 예배는 하나님을 최우선 자리에 모시고 우리 생명이 그분께로 왔음을 인정하는 것입니다. "온 땅이여 여호와께 노래하며 그의 구원을 날마다 선포할지어다 그의 영광을 모든 민족 중에, 그의 기이한 행적을 만민 중에 선포할지어다"(역대상 16:23-25).

우리는 하나님을 예배할 수 있는 특권을 가진 사람들입니다. 우리의 생각과 말, 그리고 행동으로 예수님이 우리의 주인 되심을 선포하는 것, 그것이 바로 예배입니다. 예배는 하나님이 어떤 분이시며 어떤 일을 행하셨는지를 선포하는 것입니다. 바로 그때에 우리는 죄를 자백하고 회개하는 자리로 나아가게 됩니다. 또한 하나님의 말씀을 듣고 그 말씀에 반응하고 찬양하며

성찬으로 나아가게 됩니다. 이와 같은 예배의 행위는 주일에 드리는 예배에만 국한된 것이 아닙니다!

우리는 슬플 때나 기쁠 때나 예배를 통해 하나님과 함께 할 수 있습니다. 인생의 모든 상황 가운데 하나님과 함께 할 수 있습니다. 우리는 꼭 그렇게 해야 합니다. 힘들 때는 하나님을 향해 부르짖으며 마음을 토해야 합니다. 기쁠 때는 그분과 함께 기뻐해야 합니다. 우리는 모든 순간에 그분을 찬양하고 그분과 대화할 수 있습니다. 어떤 상황도 우리가 하나님께 나아가 예배하는 것을 막을 수 없습니다.

그리스도인들은 혼자서, 혹은 다른 사람들과 함께 하나님을 예배할 수 있습니다. 차를 타고 가면서 소리 높여 찬양할 수도 있고, 주일에 교회에 모여 함께 예배를 드릴 수도 있습니다. 혹은 밤하늘의 별을 바라보며 조용히 누군가의 이야기를 들을 수도 있습니다. 저녁식사 후 가족과 함께, 혹은 학교를 마치고 친구들과 함께, 때론 아침에 혼자서 성경을 읽을 수도 있습니다.

그림 그리는 것, 글을 쓰는 것, 등산하며 휴식을 취하는 것도 하나의 예배가 될 수 있습니다. 자원봉사를 하거나 집안일을 도우면서도 예배할 수 있습니다. 기도하는 것, 베푸는 것, 섬기는 것, 삶을 나누는 것 이 모든 것이 다 예배가 될 수 있습니다.

하나님은 당신을 특별하게 지으셨습니다. 그래서 당신만

이 기념할 수 있는 그분과의 관계 속에서 찬양받기를 원하십니다. 또한 하나님은 당신을 다른 그리스도인들과 함께 예배하도록 하셨습니다. 믿음 생활은 혼자서 하는 것이 아니기 때문입니다!

📖 시편 84편을 읽고 다음 질문에 답하세요.

^{1}만군의 여호와여 주의 장막이 어찌 그리 사랑스러운지요 ^{2}내 영혼이 여호와의 궁정을 사모하여 쇠약함이여 내 마음과 육체가 살아 계시는 하나님께 부르짖나이다 ^{3}나의 왕, 나의 하나님, 만군의 여호와여 주의 제단에서 참새도 제 집을 얻고 제비도 새끼 둘 보금자리를 얻었나이다 ^{4}주의 집에 사는 자들은 복이 있나니 그들이 항상 주를 찬송하리이다 (셀라) ^{5}주께 힘을 얻고 그 마음에 시온의 대로가 있는 자는 복이 있나이다 ^{6}그들이 눈물 골짜기로 지나갈 때에 그 곳에 많은 샘이 있을 것이며 이른 비가 복을 채워 주나이다 ^{7}그들은 힘을 얻고 더 얻어 나아가 시온에서 하나님 앞에 각기 나타나리이다 ^{8}만군의 하나님 여호와여 내 기도를 들으소서 야곱의 하나님이여 귀를 기울이소서 (셀라) ^{9}우리 방패이신 하나님이여 주께서 기름 부으신 자의 얼굴을 살펴 보옵소서 ^{10}주의 궁정에서의 한 날이 다른 곳에서의 천 날보다 나은즉 악인의 장막에 사는 것보다 내 하나님의 성전 문지기로 있는 것이 좋사오니

Q1 당신은 삶에서 어떤 모습으로 하나님을 예배하고 있나요?

Q2 '예배'라는 단어를 들을 때 무엇이 떠오르나요?

Q3 하나님을 찬양하고 예배하고 싶은 강한 소망을 품은 적이 있나요?(시편 84:1-2) 그때 어떻게 했나요?

Q4 하나님은 당신이 오늘 어떻게 예배하길 원하실까요?

📖 오늘은 사도신경으로 기도드립니다.

> 나는 전능하신 아버지 하나님, 천지의 창조주를 믿습니다. 나는 그의 유일하신 아들, 우리 주 예수 그리스도를 믿습니다. 그는 성령으로 잉태되어 동정녀 마리아에게서 나시고, 본디오 빌라도에게 고난을 받아 십자가에 못 박혀 죽으시고, 장사된 지 사흘 만에 죽은 자 가운데서 다시 살아나셨으며, 하늘에 오르시어 전능하신 아버지 하나님 우편에 앉아 계시다가, 거기로부터 살아 있는 자와 죽은 자를 심판하러 오십니다. 나는 성령을 믿으며, 거룩한 공교회와 성도의 교제와 죄를 용서 받는 것과 몸의 부활과 영생을 믿습니다. 아멘.

DAY 34

하나님과의 대화, 기도

주여 요한이 자기 제자들에게 기도를 가르친 것과 같이
우리에게도 가르쳐 주옵소서
누가복음 11:1

어쩌면 기도란 겁나는 일일 수 있습니다. 사람들 앞에서 하는 기도는 더더욱 그렇습니다. 감사하게도 하나님은 멋진 말이나 긴 기도를 요구하시는 분이 아닙니다. 오히려 우리가 친한 친구랑 대화하듯 그렇게 기도하길 원하십니다. 그것은 바로 솔직하고 정직하게 자주 만나 대화를 하는 것입니다. 그 안에는 고백과 경청 모두 다 들어 있습니다.

하나님은 당신에 관한 모든 것과 당신의 필요를 다 아시지만 당신의 생각과 요청을 직접 듣기 원하십니다. 물론 기도는 그저 하나님께 뭔가를 달라고 요구하는 것 그 이상입니다. 하나님이 나를 위해 해 주셨으면 하는 것을 나열만 한다면 당신은 금방 좌절감을 느끼게 될 것입니다. 하나님은 당신과 대화하기 원하시며 당신과의 관계를 키워가기 원하십니다. 여느 다른 관계와 마찬가지로 여기에는 관심과 훈련이 필요합니다. 기도는 당신의 생각과 하나님의 생각을 맞춰가는 일이기도 합니다. "나라가 임하시오며 뜻이 하늘에서 이루어진 것 같이 땅에서도 이루어지이다"(마태복음 6:10).

누가복음에서 예수님은 기도의 본을 보여 주셨습니다. 곧 잡혀서 재판을 받고 처형당할 것을 아신 주님은 조용한 동산에서 기도로 준비하셨습니다. 그분은 전심으로 기도하셨습니다. 예수님은 하나님의 뜻에 순복할 수 있는 힘을 달라고 하나님 아버지께 간구했습니다. "아버지여 만일 아버지의 뜻이거든 이 잔을 내게서 옮기시옵소서 그러나 내 원대로 마옵시고 아버지의 원대로 되기를 원하나이다"(누가복음 22:42).

시편 31편은 또 하나의 기도의 본을 보여 줍니다. 다윗은 하나님이 자신의 피난처이시며 유일한 도움이시라고 노래합니다. 하나님께 자신의 두려움과 문제, 낙담한 마음을 진실되게 고백합니다. 그리고 기도하는 가운데 하나님의 능력과 변치 않는 사랑을 기억합니다. 다윗은 하나님께는 능치 못할 일이 없다는 것을 확신하면서 찬양하며 기도를 마칩니다.

당신도 다윗처럼 하나님을 바라보며 기도해 보길 바랍니다. 먼저 하나님의 어떠하심을 고백하며 기도를 시작해 보세요. 그러고 나서 당신이 가진 두려움과 문제들을 그분 앞에 쏟아놓으세요. 기도와 말씀 가운데 그분의 음성을 들으세요. 하나님이 그분의 성품과 행하신 일을 기억나게 하실 때 찬양하세요. 기도를 마칠 때쯤 하나님은 당신의 문제에 대한 새로운 관점을 보여 주실지도 모릅니다. 하나님은 당신이 예수님의 형상을 닮아가도록 변화시키기 원하시며 당신에게 위로와 평안을 주기 원하십니다.

📖 시편 31편을 읽고 다음 질문에 답하세요.

[21]여호와를 찬송할지어다 견고한 성에서 그의 놀라운 사랑을 내게 보이셨음이로다 [22]내가 놀라서 말하기를 주의 목전에서 끊어졌다 하였사오나 내가 주께 부르짖을 때에 주께서 나의 간구하는 소리를 들으셨나이다 [23]너희 모든 성도들아 여호와를 사랑하라 여호와께서 진실한 자를 보호하시고 교만하게 행하는 자에게 엄중히 갚으시느니라 [24]여호와를 바라는 너희들아 강하고 담대하라

Q1 다윗이 하나님께 자신의 마음을 쏟아놓는 말씀을 보면서 가장 눈에 띈 구절이나 단어는 무엇인가요?

Q2 다윗은 하나님이 어떤 분이라고 고백하고 있나요?

Q3 하나님은 도움을 구하는 다윗에게(시편 31:22) 어떻게 응답하셨나요?

Q4 오늘 조용히 집중할 수 있는 기도의 장소를 찾아보세요. 그곳에서 기도하는 가운데 하나님께 집중해 보세요.

📖 오늘은 예수님이 제자들에게 가르쳐 주신 기도로 기도드립니다. 이것은 '주기도문'(새번역)으로 잘 알려져 있습니다(마태복음 6:9-13, 누가복음 11:1-4 참조).

하늘에 계신 우리 아버지, 아버지의 이름을 거룩하게 하시며 아버지의 나라가 오게 하시며, 아버지의 뜻이 하늘에서와 같이 땅에서도 이루어지게 하소서. 오늘 우리에게 일용할 양식을 주시고 우리가 우리에게 잘못한 사람을 용서하여 준 것 같이 우리 죄를 용서하여 주시고, 우리를 시험에 빠지지 않게 하시고, 악에서 구하소서. 나라와 권능과 영광이 영원히 아버지의 것입니다. 아멘.

DAY 35
헌금의 참 의미

네 보물 있는 그 곳에는 네 마음도 있느니라
마태복음 6:21

구약에서 하나님은 이스라엘 백성들에게 첫 열매, 가장 좋은 것을 그분께 드릴 것을 명하셨습니다. 이스라엘 백성은 그들 수입의 10퍼센트를 제사장에게 가져왔습니다. (이것을 '십일조'라고 부릅니다.) 그들은 가축, 땅, 농작물에서 나온 첫 열매이자 가장 좋은 것을 하나님께 드렸습니다. 이러한 십일조와 제물은 이스라엘 백성이 가진 모든 것이 하나님께로 왔다는 것을 상기시켜 주었습니다. 하나님은 그들에게 일을 할 수 있는 능력과 땅, 수확물을 주셨습니다. 이스라엘 백성은 수확이 성공적일 때 그것이 자신들의 지식과 노력, 훌륭한 아이디어를 통해 얻은 결과라고 생각하기 쉬웠을 것입니다. 하지만 모든 것은 하나님의 축복이었습니다!

십일조를 드리는 데는 감사와 관용의 자세가 필요합니다. 드리는 행위는 드리는 자세와 따로 구분해서 생각할 수 없습니다. "너희의 무수한 제물이 내게 무엇이 유익하뇨 나는 숫양의 번제와 살진 짐승의 기름에 배불렀고 나는 수송아지나 어린 양이나 숫염소의 피를 기뻐하지 아니하노라 … 헛된 제물을 다시 가져오지 말라"(이사야 1:11,13). 우리는 그냥 드리는 행위만 할 수 없습니다. "나는 인애를 원하고 제사를 원하지 아니하며 번제보다 하나님을 아는 것을 원하노라"(호세아 6:6). 하나님은 우리의 마음을 받기를 원하십니다.

예수님은 왜 하나님이 십일조와 제물에 대해 명하셨는지 그 이유를 상기시켜 주셨습니다. 그것은 하나님을 경외하고 그분이 주신 축복을 인정하기 위함입니다. 예수님은 돈의 양이 아니라 모든 것이 하나님으로부터 왔음을 인정하는 것이 중요하다고 가르치셨습니다. 우리는 하나님이 우리에게 주신 모든 것을 통해 그분을 경외하고 다른 이들을 축복해야 합니다. "각각 그 마음에 정한 대로 할 것이요 인색함으로나 억지로 하지 말지니 하나님은 즐겨 내는 자를 사랑하시느니라"(고린도후서 9:7). 이제 우리는 "하나님, 모든 것이 하나님께로부터 왔습니다. 하나님이 주신 이 모든 것으로 어떻게 당신을 경외할 수 있을까요?"라고 질문해야 할 것입니다.

📖 마가복음 12장 38-44절을 읽고 다음 질문에 답하세요.

³⁸예수께서 가르치실 때에 이르시되 긴 옷을 입고 다니는 것과 시장에서 문안 받는 것과 ³⁹회당의 높은 자리와 잔치의 윗자리를 원하는 서기관들을 삼가라 ⁴⁰그들은 과부의 가산을 삼키며 외식으로 길게 기도하는 자니 그 받는 판결이 더욱 중하리라 하시니라 ⁴¹예수께서 헌금함을 대하여 앉으사 무리가 어떻게 헌금함에 돈 넣는가를 보실새 여러 부자는 많이 넣는데 ⁴²한 가난한 과부는 와서 두 렙돈 곧 한 고드란트를 넣는지라 ⁴³예수께서 제자들을 불러다가 이르시되 내가 진실로 너희에게 이르노니 이 가난한 과부는 헌금함에 넣는 모든 사람보다 많이 넣었도다 ⁴⁴그들은 다 그 풍족한 중에서 넣었거니와 이 과부는 그 가난한 중에서 자기의 모든 소유 곧 생활비 전부를 넣었느니라 하시니라

Q1 예수님은 왜 서기관을 주의하라고 말씀하셨나요?

Q2 과부는 어떻게 하나님께 헌금했나요?

Q3 과부가 드린 것이 다른 이들의 헌금보다 더 많은 것으로 여겨진 이유는 무엇인가요?(마가복음 12:43-44)

Q4 당신의 시간, 재능, 소유를 주님께 헌신할 수 있는 구체적인 방법은 무엇인가요? 오늘 당신은 어떻게 헌신할 수 있을까요?

📖 오늘은 고린도후서 9장 7절 말씀으로 기도드립니다.

⁷각각 그 마음에 정한 대로 할 것이요 인색함으로나 억지로 하지 말지니 하나님은 즐겨 내는 자를 사랑하시느니라

> 모든 만물의 주인 되시는 주님, 모든 것이 주님께로부터 왔음을 고백합니다. 저는 주님이 제게 주신 모든 것으로 주님을 경배하기 원합니다. 또한 주님이 주신 것을 기쁘게 나누기 원합니다. 제가 그렇게 할 수 있도록 도와주세요. 주님의 능력으로 제가 기꺼이 드리는 자가 될 수 있도록 해 주세요! 예수님의 이름으로 기도드립니다. 아멘.

섬김의 비밀

아무 일에든지 다툼이나 허영으로 하지 말고
오직 겸손한 마음으로 각각 자기보다 남을 낫게 여기고
각각 자기 일을 돌볼 뿐더러 또한 각각 다른 사람들의
일을 돌보아 나의 기쁨을 충만하게 하라
빌립보서 2:3-4

예수님은 제자들의 발을 씻어 주시며 섬김의 모범을 보이셨습니다. 왕이신 예수님이 제자들의 더럽고 굳은 발을, 분명 제대로 발톱 손질도 안 되어 있을 그 발을 씻기기로 작정하셨습니다. 당시 이 행위는 가장 낮은 종들이 하는 비천한 일이었습니다. 제자들은 발을 씻기시려는 예수님을 보고 깜짝 놀랐습니다. 어떤 제자는 사양하기도 했습니다. 하지만 예수님은 반드시 그들의 발을 씻기셔야 한다고 말씀하셨습니다. 그분은 사랑과 종의 마음으로 그리스도인의 리더십의 의미를 정의하셨습니다. "새 계명을 너희에게 주노니 서로 사랑하라 내가 너희를 사랑한 것 같이 너희도 서로 사랑하라 너희가 서로 사랑하면 이로써 모든 사람이 너희가 내 제자인 줄 알리라"(요한복음 13:34-35).

섬김은 치우는 것을 좋아하는 사람들의 몫이 아닙니다. 섬김은 우리 모두의 일입니다. 하나님은 우리가 다른 사람들을 돕고 그들의 필요를 채우며 그들을 먼저 생각하고 힘써 섬기기를 원하십니다. 물론 누군가를 섬기는 일은 매우 어렵고 고통스러운 일입니다. 좋아하지 않는 사람을 섬길 때는 더욱 그렇습니다. 또한 우리는 친절을 베풀 때, 그에 따르는 보상을 받길 원합니다. 하지만 그 어떤 것도 하나님과 사람을 사랑하는 일보다 더 우선되어서는 안 됩니다.

"너희 안에 이 마음을 품으라 곧 그리스도 예수의 마음이니 그는 근본 하나님의 본체시나 하나니과 동등됨을 취할 것으로 여기지 아니하시고 오히려 자기를 비워 종의 형체를 가지사 사람들과 같이 되셨고 사람의 모양으로 나타나사 자기를 낮추시고 죽기까지 복종하셨으니 곧 십자가에 죽으심이라"(빌립보서 2:5-8).

📖 요한복음 13장 1-17절을 읽고 다음 질문에 답하세요.

³저녁 먹는 중 예수는 아버지께서 모든 것을 자기 손에 맡기신 것과 또 자기가 하나님께로부터 오셨다가 하나님께로 돌아가실 것을 아시고 ⁴저녁 잡수시던 자리에서 일어나 겉옷을 벗고 수건을 가져다가 허리에 두르시고 ⁵이에 대야에 물을 떠서 제자들의 발

을 씻으시고 그 두르신 수건으로 닦기를 시작하여 [6]시몬 베드로에게 이르시니 베드로가 이르되 주여 주께서 내 발을 씻으시나이까 [7]예수께서 대답하여 이르시되 내가 하는 것을 네가 지금은 알지 못하나 이 후에는 알리라 [8]베드로가 이르되 내 발을 절대로 씻지 못하시리이다 예수께서 대답하시되 내가 너를 씻어 주지 아니하면 네가 나와 상관이 없느니라 … [14]내가 주와 또는 선생이 되어 너희 발을 씻었으니 너희도 서로 발을 씻어 주는 것이 옳으니라

Q1 누군가로부터 특별한 섬김을 받아본 적이 있나요? 당시 어떤 상황이었고, 기분은 어떠했나요?

Q2 왜 예수님은 "너희도 서로 발을 씻어 주는 것이 옳으니라"(요한복음 13:14)고 말씀하셨을까요?

Q3 왜 다른 사람을 섬기는 것이 중요할까요?

Q4 오늘 당신이 섬길 수 있는 사람은 누구인가요? 그 사람을 어떻게 섬길지 생각해 보세요.

📖 오늘은 마가복음 10장 45절 말씀으로 기도드립니다.

⁴⁵인자가 온 것은 섬김을 받으려 함이 아니라 도리어 섬기려 하고 자기 목숨을 많은 사람의 대속물로 주려 함이니라

사랑의 예수님, 주님은 섬김을 받기 위해서가 아니라 섬기기 위해, 그리고 우리의 대속물이 되어 주시기 위해 이 땅에 오셨습니다. 저도 주님의 본을 따라 다른 사람들을 섬기고 사랑할 수 있도록 도와주시고 가르쳐 주세요. 예수님의 이름으로 기도드립니다. 아멘.

고린도후서 | 12:9

내 은혜가 네게 족하도다 이는 내 능력이 약한데서 온전하여짐이라

My grace is sufficient for you, for my power is made perfect in weakness.

2 Corinthians

DAY 37

교제의 기쁨

> 철이 철을 날카롭게 하는 것 같이
> 사람이 그의 친구의 얼굴을 빛나게 하느니라
> 잠언 27:17

그리스도인들은 하나님과 동행하기 위해, 그리고 서로를 격려하기 위해 함께 시간을 보냅니다. 이를 '교제'라고 부릅니다. 하나님은 우리가 혼자서 살아가기보다는 서로 간에 건강한 관계를 형성하며 살아가도록 우리를 창조하셨습니다.

이것이 바로 하나님이 그리스도의 몸인 교회를 세우신 이유입니다(고린도전서 12:12-31). 우리는 함께 할 때 일을 더 잘할 수 있습니다. 함께 할 때 더 강해질 수 있습니다. 인생이 혼란스럽고 앞으로 나아가기 힘들 때, 우리는 서로에게 믿음의 도전을 해야 합니다. 서로에게 도움이 되도록 배운 말씀을 나누어야 합니다.

몸이 여러 지체로 이루어져 있듯 교회 또한 그렇습니다. 그렇다고 우리 모두가 동일한 능력과 은사를 가질 필요는 없습니다. 우리 각자는 독특한 모습으로 그리스도의 몸을 섬길 수 있습니다. "또 귀가 이르되 나는 눈이 아니니 몸에 붙지 아니하였다 할지라도 이로써 몸에 붙지 아니한 것이 아니니 만일 온몸이 눈이면 듣는 곳은 어디며 온몸이 듣는 곳이면 냄새 맡는 곳은 어디냐"(고린도전서 12:16-17). 우리는 서로를 필요로 합니다. 우리는 다른 이들의 능력과 은사에 대해, 특히 그것이 내가 가진 능력과 은사와 다를 때에 더 기뻐해야 합니다. 결코 질투해서는 안 됩니다. "그러나 이제 하나님이 그 원하시는 대로 지체를 각각 몸에 두셨으니 만일 다 한 지체뿐이면 몸은 어디냐"(고린도전서 12:18-19). 예를 들어, 하나님은 우리 중 어떤 사람은 가르치는 자로, 어떤 사람은 조직하는 자로, 어떤 사람은 음악 인도자로, 어떤 사람은 세우는 자로 지으셨습니다. 혼자서 자라는 신앙은 없습니다. 당신은 함께 믿음생활을 할 누군가가 필요하며 그들 역시 당신을 필요로 합니다! 교회에는 각자가 해야 할 역할이 있습니다!

우리는 서로의 믿음을 굳건히 해 주고 도전하며 세워 주고 함께 기도하고 예배할 수 있는 그리스도인 친구들이 필요합니다. 우리는 언제나 복음을 이야기해 주는 친구들이 필요합니다. 물론 비 그리스도인들과도 우정을 나눠야 합니다.

지금 당신의 친구들을 떠올려 보세요. 그들은 어떤 모양으로 당신을 격려하고 하나님에 대한 가르침을 주고 있나요? 어떻게 당신의 믿음에 도전을 주며 더 굳건히 성장할 수 있도록 도와주고 있나요? 어떤 모습으로 함께 기도하며 말씀을 나누고 있나요?

특별히 학교, 가정, 교회 소그룹, 멘토, 목사님과의 교제를 위해 노력하세요. 당신은 그리스도의 몸 안에서 그들과 함께 고민을 나눌 수 있고, 또 함께 기도하며 하나님에 대해 배워갈 수 있습니다. "너희는 그리스도의 몸이요 지체의 각 부분이라"(고린도전서 12:27). 다시 한 번 말하지만 혼자서는 성도의 삶을 살아갈 수 없습니다. 하나님은 성도들이 주 안에서 서로 교제하는 것을 기뻐하십니다.

📖 누가복음 5장 17-26절을 읽고 다음 질문에 답하세요.

[18]한 중풍병자를 사람들이 침상에 메고 와서 예수 앞에 들여놓고자 하였으나 [19]무리 때문에 메고 들어갈 길을 얻지 못한지라 지붕에 올라가 기와를 벗기고 병자를 침상째 무리 가운데로 예수 앞에 달아 내리니 [20]예수께서 그들의 믿음을 보시고 이르시되 이 사람아 네 죄 사함을 받았느니라 하시니

Q1 이 말씀을 통해 교제에 대해 무엇을 배울 수 있나요?

Q2 왜 성도 간의 교제가 중요한가요?

Q3 요즘 당신은 주로 누구와 교제하고 있나요?

Q4 어떻게 해야 다른 성도들과의 관계를 건강하고 견고하게 세워갈 수 있을까요?

📖 오늘은 고린도전서 12장 25-27절 말씀으로 기도드립니다.

²⁵몸 가운데서 분쟁이 없고 오직 여러 지체가 서로 같이 돌보게 하셨느니라 ²⁶만일 한 지체가 고통을 받으면 모든 지체가 함께 고통을 받고 한 지체가 영광을 얻으면 모든 지체가 함께 즐거워하느니라 ²⁷너희는 그리스도의 몸이요 지체의 각 부분이라

평강의 주님, 주님의 백성 가운데 분쟁이 없기를 원합니다. 우리가 서로를 돌보고 함께 슬퍼하고 함께 기뻐할 수 있도록 도와주세요. 제가 주님을 믿는 이들과 친밀한 교제를 나누면서 함께 성장해나갈 수 있도록 도와주세요. 어떻게 하면 서로를 격려하며 경건한 교제를 할 수 있는지 가르쳐 주세요. 예수님의 이름으로 기도드립니다. 아멘.

DAY 38
전도의 사명

> 너희는 가서 모든 민족을 제자로 삼아
> 아버지와 아들과 성령의 이름으로 세례를 베풀고
> 내가 너희에게 분부한 모든 것을 가르쳐 지키게 하라
> 볼지어다 내가 세상 끝날까지 너희와 항상 함께 있으리라
> **마태복음 28:19-20**

　전도는 예수님이 우리 죄를 용서하시고 그분께 나아가면 영원한 생명을 주신다는 좋은 소식을 전하는 것입니다. 이것은 목사님들만 해야 하는 일이 아닙니다. 하나님은 이 귀한 사명을 우리 모두에게 맡기셨습니다!

　혹 '내가 어떻게 예수님을 전해야 사람들을 구원할 수 있을까'라는 걱정이 드나요? 구원하시는 분은 오직 하나님이십니다. 우리는 그 누구도 구원할 수 없고 그 누구에게도 영생을 줄 수 없습니다! 대신 하나님께서는 구원을 이루시는 가운데 우리에게 멋진 역할을 맡기십니다. 당신이 누군가에게 예수님에 대해 나눌 때, 말하는 이는 당신이지만 구원하시는 분은 하나님이십니다. 성령님께서 당신의 마음을 변화시켜 성도가 되게 하셨듯이 당신을 통해 복음을 듣는 사람의 마음도 변화시키실 것

입니다. 복음을 전할 때, 모든 결과를 주님께 맡기세요. "그런즉 심는 이나 물 주는 이는 아무것도 아니로되 오직 자라게 하시는 이는 하나님뿐이니라"(고린도전서 3:7).

우리는 이야기를 나누면서 혹은 친구들과 밥을 먹으면서 언제 어디서든 복음을 전할 수 있습니다. 그때 '내 이야기가 지루하면 어쩌지'라고 걱정하지 마세요. 하나님의 신실하심은 결코 지루하지 않습니다. 사람들은 당신의 믿음과 하나님의 신실하심에 대하여 들을 필요가 있습니다.

예수님이 잡히셨을 때, 베드로는 사람들이 자신을 예수님의 제자로 알아볼까 봐, 그래서 자신도 잡힐까 봐 두려웠습니다. 그래서 예수님을 모른다고 세 번 부인했습니다. 당신이 예수님이었다면 이때 어떻게 반응했을까요? 우리 예수님은 신실하셨습니다. 그분은 베드로를 포기하지 않으시고 지도자로 다시 세우셨습니다. 베드로는 두려워하는 상태로 계속 있지 않았습니다. 하나님의 은혜로 다시 일어섰습니다. 성령님은 베드로에게 놀라운 용기와 능력을 주셔서 복음을 전파하고 교회를 세우도록 하셨습니다. (이에 더해 더 알고 싶다면 사도행전을 읽어 보세요.)

하나님은 당신에게도 같은 성령을 주셨습니다. 하나님은 그분의 멋진 이야기 가운데 당신을 사용하실 것입니다. 그 이야기는 상하고 약한 자를 완벽하고 온전한 자로 변화시키는 이야기입니다. 우리의 구원자 되시는 하나님은 최고의 이야기를 쓴 저자이십니다. 그리고 우리 각자는 그 안에서 맡은 역할이 있습니다!

📖 사도행전 2장 14-41절을 읽고 다음 질문에 답하세요.

^{36}그런즉 이스라엘 온 집은 확실히 알지니 너희가 십자가에 못 박은 이 예수를 하나님이 주와 그리스도가 되게 하셨느니라 하니라 ^{37}그들이 이 말을 듣고 마음에 찔려 베드로와 다른 사도들에게 물어 이르되 형제들아 우리가 어찌할꼬 하거늘 ^{38}베드로가 이르되 너희가 회개하여 각각 예수 그리스도의 이름으로 세례를 받고 죄 사함을 받으라 그리하면 성령의 선물을 받으리니 ^{39}이 약속은 너희와 너희 자녀와 모든 먼 데 사람 곧 주 우리 하나님이 얼마든지 부르시는 자들에게 하신 것이라 하고 ^{40}또 여러 말로 확증하며 권하여 이르되 너희가 이 패역한 세대에서 구원을 받으라 하니 ^{41}그 말을 받은 사람들은 세례를 받으매 이 날에 신도의 수가 삼천이나 더하더라

Q1 법정에서 '증인'은 무슨 일을 하나요? 증인은 무엇에 대해 말해야 하나요?

Q2 예수님의 증인이 된다는 것은 어떤 의미인가요? 당신은 예수님에 대해 무엇을 이야기하고 싶나요?

Q3 오늘 당신은 누구에게 복음을 전하고 싶나요?

Q4 이 시간 그 사람에게 복음을 전할 수 있는 기회를 달라고 주님께 구해 보세요.

📖 오늘은 골로새서 4장 3-6절 말씀으로 기도드립니다.

³또한 우리를 위하여 기도하되 하나님이 전도할 문을 우리에게 열어 주사 그리스도의 비밀을 말하게 하시기를 구하라 내가 이 일 때문에 매임을 당하였노라 ⁴그리하면 내가 마땅히 할 말로써 이 비밀을 나타내리라 ⁵외인에게 대해서는 지혜로 행하여 세월을 아끼라 ⁶너희 말을 항상 은혜 가운데서 소금으로 맛을 냄과 같이 하라 그리하면 각 사람에게 마땅히 대답할 것을 알리라

구원의 하나님, 전도할 문을 열어 주사 제가 복음을 분명하게 말하고 모든 기회를 지혜롭게 사용할 수 있도록 도와주세요. 은혜 가운데 말하게 하시고 그들이 질문할 때 어떻게 대답해야 할지 가르쳐 주세요. 예수님의 이름으로 기도드립니다. 아멘.

DAY 39

아직은 진행 중

> 예수께서 이르시되 나를 따라오라
> 내가 너희로 사람을 낚는 어부가 되게 하리라 하시니
> 곧 그물을 버려 두고 따르니라
> **마가복음 1:17-18**

    예수님은 우리에게 오셔서 그분을 따르라고 명령하십니다. 그러나 안타깝게도 아담과 하와가 하나님께 불순종하기로 결정한 것처럼, 지금 우리도 우리만의 방식으로 그러한 결정을 계속해서 하고 있습니다. 죄를 짓기로 선택하고 나 자신을 하나님보다 위에 올려놓으면서 말입니다. 그럼에도 불구하고 하나님은 예수 그리스도 안에서 우리를 택하사 부르셨습니다. 예수님은 그분의 거룩함을 우리에게 입히셔서 우리 모든 죄와 수치를 덮어 주시고 우리가 주님과 함께 살아가도록 하셨습니다. "긍휼이 풍성하신 하나님이 우리를 사랑하사 그 큰 사랑을 인하여 허물로 죽은 우리를 그리스도와 함께 살리셨고 (너희는 은혜로 구원을 받은 것이라)"(에베소서 2:4-5).

    우리가 예수님을 따르기 시작한다고 해서 바로 완벽한 삶

을 살게 되는 것은 아닙니다. 에덴동산, 그 완벽한 곳으로 다시 돌아가는 것도 아닙니다. 우리는 여전히 이 세상에서 갈등하며 죄와 싸워야 합니다. 그러나 걱정하지 않아도 됩니다. 주님은 우리 혼자서 죄와 사망을 해결하라고 내버려두지 않으십니다. "내 은혜가 네게 족하도다 이는 내 능력이 약한 데서 온전하여짐이라"(고린도후서 12:9). 주님은 우리를 성장시키시고 변화시키시며 우리에게 목적을 주십니다.

지금 우리는 아직 완성되지 않은 진행 중인 하나님의 작품입니다. 그런데 이 과정은 아주 중요합니다! "우리가 다 … 주의 영광을 보매 그와 같은 형상으로 변화하여 영광에서 영광에 이르니 곧 주의 영으로 말미암음이니라"(고린도후서 3:18). 우리는 하나님과 함께 영원을 보장받았습니다.

📖 에베소서 1장 3-17절을 읽고 다음 질문에 답하세요.

⁴곧 창세 전에 그리스도 안에서 우리를 택하사 우리로 사랑 안에서 그 앞에 거룩하고 흠이 없게 하시려고 … ¹³그 안에서 너희도 진리의 말씀 곧 너희의 구원의 복음을 듣고 그 안에서 또한 믿어 약속의 성령으로 인치심을 받았으니 ¹⁴이는 우리 기업의 보증이 되사 그 얻으신 것을 속량하시고 그의 영광을 찬송하게 하려 하심이라 ¹⁵이로 말미암아 주 예수 안에서 너희 믿음과 모든 성

도를 향한 사랑을 나도 듣고 ¹⁶내가 기도할 때에 기억하며 너희로 말미암아 감사하기를 그치지 아니하고 ¹⁷우리 주 예수 그리스도의 하나님, 영광의 아버지께서 지혜와 계시의 영을 너희에게 주사 하나님을 알게 하시고

Q1 에베소서 1장 4절에 따르면 하나님은 언제, 그리고 어떤 목적을 가지고 당신을 택하셨나요?

Q2 하나님은 어떻게, 그리고 왜 그분의 약속을 확실하게 하셨나요?
(에베소서 1:13-14)

Q3 당신이 예수님을 신뢰할 수 있는 이유는 무엇인가요? 오늘 당신이 예수님에 대해 새롭게 배운 것은 무엇인가요?

Q4 지금 하나님께 "지혜와 계시의 영을 주사 ⋯ 하나님을 알게"(에베소서 1:17) 해 달라고 기도드리세요.

📖 오늘은 로마서 8장 28-30절 말씀으로 기도드립니다.

²⁸우리가 알거니와 하나님을 사랑하는 자 곧 그의 뜻대로 부르심을 입은 자들에게는 모든 것이 합력하여 선을 이루느니라 ²⁹하나님이 미리 아신 자들을 또한 그 아들의 형상을 본받게 하기 위하여 미리 정하셨으니 이는 그로 많은 형제 중에서 맏아들이 되게 하려 하심이니라 ³⁰또 미리 정하신 그들을 또한 부르시고 부르신 그들을 또한 의롭다 하시고 의롭다 하신 그들을 또한 영화롭게 하셨느니라

하늘에 계신 아버지, 아버지는 당신의 아들 예수 그리스도 안에서 저를 택하여 주셨습니다. 저를 택하여 부르사 의롭게 해 주시고 영화롭게 해 주셔서 감사드립니다. 주를 믿는 백성에게는 모든 일이 합력하여 선을 이룬다는 것을 제가 믿을 수 있도록 가르쳐 주세요. 저를 날마다 예수님의 형상으로 변화시켜 주세요. 예수님의 이름으로 기도드립니다. 아멘.

DAY 40
이제부터 시작이다!

> 너희 중에 어떤 사람이 양 백 마리가 있는데 그 중의 하나를 잃으면 아흔아홉 마리를 들에 두고 그 잃은 것을 찾아내기까지 찾아다니지 아니하겠느냐 또 찾아낸즉 즐거워 어깨에 메고 집에 와서 그 벗과 이웃을 불러 모으고 말하되 나와 함께 즐기자 나의 잃은 양을 찾아내었노라 하리라 내가 너희에게 이르노니 이와 같이 죄인 한 사람이 회개하면 하늘에서는 회개할 것 없는 의인 아흔아홉으로 말미암아 기뻐하는 것보다 더하리라 **누가복음 15:4-7**

하나님은 잃어버린 양을 찾는 목자처럼 당신을 추격하십니다! 그분은 잃어버린 양을 찾을 때까지 쉬지 않으시며 찾으셨을 때에 매우 기뻐하십니다.

당신이 가장 가깝게 생각하는 그 누군가를 떠올려 보세요. 그와 친밀해지기까지 얼마나 많은 시간이 걸렸고, 또 얼마나 많은 노력을 했나요? 관계는 점점 깊어져 굳건해지거나 소홀해지면 깨지는 법입니다. 관계가 깊어지기 위해서는 시간과 진실함, 그리고 격려가 필요합니다. 한눈에 서로의 생각을 알아챌 수 있게 되는 순간, 우리는 관계를 위한 모든 희생과 노력이 헛되지 않았음을, 그리고 그만큼 가치 있었음을 느끼게 됩니다.

또한 함께 추억을 간직하고 기대되는 재미난 일을 할 때, 내 생각과 고민을 숨길 필요가 없을 때, 그리고 상대방의 훌륭한 자질이 당신을 변화시키고 있음을 깨달을 때, 그만한 가치를 느낄 수 있습니다. 마찬가지로 주님과 당신의 관계에도 시간과 헌신이 필요합니다. 그리고 그것은 그 무엇보다 가치 있는 일입니다!

지금까지 당신은 하나님을 더 잘 알기 위해서 40일의 여정을 지나왔습니다. 때론 어려운 질문에 고민도 하고 간절히 기도도 드리고 성경을 깊이 묵상하기도 했습니다! 이제 당신은 무엇을 할지 선택할 수 있습니다. 즉, 계속해서 하나님과의 관계 가운데 시간과 노력을 기울여 나갈지 말지를 말입니다.

하나님은 일부로 전화를 받지 않는 그런 친구가 아닙니다. 그분은 당신을 결코 홀로 두지 않으실 것입니다. 선한 목자가 되셔서 당신을 지켜 주시고 인도해 주실 것입니다. 예수님은 당신을 위해 그분의 생명을 내어 놓으셨습니다. 당신은 사랑받는 하나님의 자녀입니다. 이제 그분의 음성을 듣는 법을 배우세요. 이 40일간의 여정은 하나님과 함께 하는 인생의 출발점입니다!

📖 시편 63편을 읽고 다음 질문에 답하세요.

¹하나님이여 주는 나의 하나님이시라 내가 간절히 주를 찾되 물이 없어 마르고 황폐한 땅에서 내 영혼이 주를 갈망하며 내 육체가 주를 앙모하나이다 ²내가 주의 권능과 영광을 보기 위하여 이와 같이 성소에서 주를 바라보았나이다 ³주의 인자하심이 생명보다 나으므로 내 입술이 주를 찬양할 것이라 ⁴이러므로 나의 평생에 주를 송축하며 주의 이름으로 말미암아 나의 손을 들리이다 ⁵골수와 기름진 것을 먹음과 같이 나의 영혼이 만족할 것이라 나의 입이 기쁜 입술로 주를 찬송하되 ⁶내가 나의 침상에서 주를 기억하며 새벽에 주의 말씀을 작은 소리로 읊조릴 때에 하오리니 ⁷주는 나의 도움이 되셨음이라 내가 주의 날개 그늘에서 즐겁게 부르리이다 ⁸나의 영혼이 주를 가까이 따르니 주의 오른손이 나를 붙드시거니와 ⁹나의 영혼을 찾아 멸하려 하는 그들은 땅 깊은 곳에 들어가며 ¹⁰칼의 세력에 넘겨져 승냥이의 먹이가 되리이다 ¹¹왕은 하나님을 즐거워하리니 주께 맹세한 자마다 자랑할 것이나 거짓말하는 자의 입은 막히리로다

Q1 당신은 하나님을 구하고 그분을 찬양하고자 하는 시편 기자의 마음과 어떤 면에서 유사한가요?

Q2 지난 40일을 조용히 돌아보세요. 당신의 믿음에 어떤 변화가 있었나요? 당신의 삶은 어떻게 변화되었나요?

Q3 이제 당신은 어떻게 하나님을 구하고 찾기 원하나요?

Q4 하나님과 더욱 친밀해지기 위해 무엇을 할 수 있을까요? 오늘 그것들을 계획해 보세요.

📖 오늘은 시편 27편 7-11절 말씀으로 기도드립니다.

⁷여호와여 내가 소리 내어 부르짖을 때에 들으시고 또한 나를 긍휼히 여기사 응답하소서 ⁸너희는 내 얼굴을 찾으라 하실 때에 내가 마음으로 주께 말하되 여호와여 내가 주의 얼굴을 찾으리이다 하였나이다 ⁹주의 얼굴을 내게서 숨기지 마시고 주의 종을 노하여 버리지 마소서 주는 나의 도움이 되셨나이다 나의 구원의 하나님이시여 나를 버리지 마시고 떠나지 마소서 ¹⁰내 부모는 나를 버렸으나 여호와는 나를 영접하시리이다 ¹¹여호와여 주의 도를 내게 가르치시고 내 원수를 생각하셔서 평탄한 길로 나를 인도하소서

> 빛이신 주님, 주님은 구원자이십니다. 제가 주를 부를 때에 응답해 주시고 제게 자비를 베풀어 주세요. 제가 가야 할 방향을 알려 주시고 지혜를 허락해 주세요. 또한 제 믿음에 도전을 주고 제가 성장할 수 있도록 이끌어 줄 수 있는 사람들을 제게 허락해 주세요. 주님, 저는 주님의 얼굴을 구하겠습니다. 제게서 그 얼굴을 숨기지 마시고, 주님의 길로 저를 인도해 주세요. 예수님의 이름으로 기도드립니다. 아멘.

나의 처음 신앙 안내서

1판 1쇄 2018년 3월 10일
1판 2쇄 2024년 12월 16일

지은이	실로 테일러
옮긴이	전나리
발행인	조애신
편집	이소연
디자인	임은미
마케팅	전필영
경영지원	전두표

발행처	도서출판 토기장이
주소	서울시 마포구 동교로 71-1 2F
출판등록	1998년 5월 29일 제1998-000070호
전화	02-3143-0400
팩스	0505-300-0646
이메일	tletter77@naver.com
인스타그램	togijangi_books_

ISBN 978-89-7782-392-1

- 이 책은 저작권 법에 따라 보호를 받는 저작물이므로 무단 전재와 무단 복제를 금합니다.
- 이 책의 전부 또는 일부를 이용하려면 반드시 저자와 도서출판 토기장이의 동의를 받아야 합니다.

도서출판 토기장이는 생명 있는 책만 만듭니다.
"우리는 진흙이요 주는 토기장이시니 우리는 다 주의 손으로 지으신 것이니이다" (이사야 64:8)